本书获得国家自然科学基金项目(71561018)、2017年度教育部人文社会科学重点研究基地重大项目(17JJD790012)、江西省青年科学基金项目(20171BAA218002)及南昌大学“双一流”博士点建设专项经费的资助

农产品供应链运作与决策

——基于PYO模式的研究

OPERATION AND DECISION OF AGRICULTURAL PRODUCT SUPPLY CHAIN BASED ON PYO MODE

徐　兵　胡启帆 ◎ 著

经济管理出版社
ECONOMY & MANAGEMENT PUBLISHING HOUSE

图书在版编目（CIP）数据

农产品供应链运作与决策：基于 PYO 模式的研究/徐兵，胡启帆著．—北京：经济管理出版社，2020.9
ISBN 978－7－5096－7442－0

Ⅰ.①农…　Ⅱ.①徐…　②胡…　Ⅲ.①农产品—供应链管理—研究—中国　Ⅳ.①F724.72

中国版本图书馆 CIP 数据核字（2020）第 158500 号

组稿编辑：杜　菲
责任编辑：杜　菲
责任印制：黄章平
责任校对：董杉珊

出版发行：经济管理出版社
（北京市海淀区北蜂窝 8 号中雅大厦 A 座 11 层　100038）
网　　址：www.E－mp.com.cn
电　　话：（010）51915602
印　　刷：唐山昊达印刷有限公司
经　　销：新华书店
开　　本：720mm×1000mm/16
印　　张：11.25
字　　数：146 千字
版　　次：2020 年 9 月第 1 版　　2020 年 9 月第 1 次印刷
书　　号：ISBN 978－7－5096－7442－0
定　　价：78.00 元

总序

南昌大学是国家“双一流”计划世界一流学科建设高校，是江西省唯一的国家“211 工程”重点建设高校，是教育部与江西省部省合建高校，是江西省高水平大学整体建设高校。2014 年 5 月，南昌大学管理学院成立，学院由管理科学与工程、图书情报与档案管理、信息管理与信息系统三个老牌学科组成。管理科学与工程学科，具有从本科专业、一级学科硕士学位授权点到一级学科博士学位授权点、博士后流动站的完整体系，是江西省“十二五”重点学科。因此，在学科建设方面，管理学院在设立之初就奠定了雄厚基础。

南昌大学管理学院第一任领导班子中，彭维霞书记雷厉风行，涂国平院长沉着稳重。在他们的带领下，管理学院迈入了发展新征程，在教学、科研、社会服务、人才培养等方面均取得了显著成效。2019 年，感谢组织信任、领导推荐和同事支持，本人有幸成为了管理学院的第二任院长。感恩于前辈打下的基础，我辈少了筚路蓝缕的艰辛，却多了任重道远的压力；得益于前辈创设的体制，我辈继承了艰苦奋斗与稳健发展的精神，却也感受到了更多对于创新发展的期盼。

当前，管理学院存在规模小、底子薄、知名度不高的问题，南昌大学管理科学与工程学科在学科排名中落后于诸多“985”高校的相关学科。为此，本人时常思考如何推动学院奋起直追、实现跨越式发展，颇有心得。

学科建设是学院发展之本。2017 年，我国开始统筹推进世界一流大学和一流学科建设，南昌大学仅有 1 个学科入列。管理科学与工程学科，离“世界一流”这一目标还有遥远距离。但是，“双一流”建设为管理学院管理科学与工程学科的发展，指明了方向，也带来了机遇。管理学院的追赶式发展，需要以学科建设为抓手，在学科带头人与学科团队建设、科研平台与教学基地建设、高质量和有特色的学科品牌建设等方面做文章、争成效。

学术研究是学院发展之基。学术研究能力是学科发展的硬实力。在学校排名、学科评估、学术资源配置等方面，学术研究成果一直都是关键业绩指标。全面提升学院教师的学术研究能力、专心打造具有国际和国内影响力的高水平科研成果，是管理学院突破话语权壁垒、实现跨越式发展的战略要点。在学院内培养学术意识、推广研究型文化、引导和激励卓越研究成果的诞生，应该始终作为学院科研管理工作的重心。

人才培养是学院发展之魂。高校，是高级人才培养的重要基地。人才培养，包括学生的培养，也包括学者的培养。大学之魂，不在“大”，而在“学”——学生、学者与学术，共同构成了大学。因此，管理学院的未来发展，既寄托在优秀在校生的培养以及优秀毕业生的回馈之上，也寄托在培育大师、培养国家级与省级拔尖人才、引进具有学术追求和研究能力的青年学者之上。学院是全体师生的学院，需要全体师生的共同努力，也希望能够成为全体师生共同成长的沃土。

思想宣传是学院发展之路。南昌大学管理学院，一直都在“默默无闻”地发展。然而，作为哲学社会科学的一员，管理学科也理应承担反映民族思维、发扬精神品格、宣传思想文化、服务国家智库、繁荣社会发展的使命。很多高校的经济与管理学院之所以能在学校发展中举足轻重，也正是因为占领了思想宣传和服务社会的高地。南昌大学管理学院，需要领会习近平主席在哲学社会科学工作座谈会上的讲话精神，加强和改进宣传思想文化工作，全心培养“文化名家”、“四个一批”人才和“宣传思想文化青年英才”，在思想宣传和社会服务方面勇创佳绩。

品牌塑造是学院发展之志。高校之间的竞争，不亚于企业竞争，品牌塑造同样是高校之间竞争制胜的重要法宝。南昌大学管理学院，急需在人才培养、学术研究、社会服务等各方面提升能力、培育优势、凝练特色、塑造品牌，走差异化发展道路，才有可能“变道超车”，实现跨越。加强品牌塑造，既需要高水平学术研究成果和大师级学者等硬实力作为支撑，也需要特色、文化、制度改革等方面的软实力提供支持。

正是基于上述考虑，本人在担任管理学院院长之后，开始着手规划和布局，而这套“南昌大学管理科学与工程博士点学术研究丛书”的组织出版，正是学院围绕学科建设、学术研究、人才培养、思想宣传和品牌塑造等目标而实施的一项集体行动。希望能通过丛书出版，加强南昌大学管理学院的学术传播与品牌推广，激励管理学院全体教师的学术研究与成果发表，为南昌大学管理科学与工程学科的建设做出贡献。

在此，感谢南昌大学对管理学院发展的重视，并将管理科学与工程博士点列入学校学科建设的支持项目，学校的经费支持资助了本套丛书的出版；感谢管理科学与工程系师生的辛勤工作与创造性努力，本套丛书所发表的研究成果都是他们学术探索的劳动结晶，是他们的工作促成了本套丛书的顺利出版。

本套丛书包括15本学术专著。它们可以归纳为科技创新与知识管理、农业经济与生态管理、系统动力学、物流与供应链管理、政府政策与社会管理5个方向。

科技创新与知识管理方向，包括喻登科教授的《科技成果转化知识管理绩效评价研究》、《知性管理：逻辑与理论》，陈华教授的《生态学视角下高科技企业技术知识管理研究》，薄秋实副教授的《协同创新的组织模块化过程和创新模式研究》以及余伟副教授的《企业开放式创新的形成机理》。

农业经济与生态管理方向，包括徐兵教授的《城乡协调发展下中部地区农村经济系统重构》，傅春教授的《绿色发展蓝皮书》，毛燕玲教授的《非营利性农村基础设施融资机制》以及邓群钊教授的《基于承载力的排污权组合分配研究》。

系统动力学方向，包括刘静华教授的《农业系统动力学》和祝琴副教授的《系统动力学建模与反馈环分析研究》。

物流与供应链管理方面，包括徐兵教授的《农产品供应链运作与决策——基于PYO模式的研究》以及谢江林副教授的《资金约束供应链系统分析与决策》。

政府政策与社会管理方向，包括邓群钊教授的《政府财政支出与经济高质量发展》和曹开颖副教授的《再制造背景下政府政策与企业以旧换新策略研究》。

这5个方向基本囊括了南昌大学管理学院管理科学与工程学科的主要研究领域。我们在硕士与博士的招生与培养、学术团队与学科建设等方面，都主要是从这几个研究方向加以推进。其中，系统工程与系统动力学是南昌大学管理科学与工程学科的特色方向。

欢迎对这些研究方向感兴趣的学者与同行来南昌大学管理学院交流，欢迎对相关领域有需求的企业提供合作机会，欢迎在这些研究方向有发展潜力的青年博士能加入我们的研究队伍，欢迎有志于从事这些方向研究的同学能够报考南昌大学管理科学与工程专业的硕士与博士。南昌大学管理学院将始终秉承开放创新的理念，欢迎你们的交流与指导，也接受你们的批评与指正。

正因为有你们的支持，我相信，南昌大学管理学院会越办越好。

南昌大学管理学院院长 徐兵

2020 年 4 月 20 日

前 言

自我采摘（Pick Your Own，PYO）模式备受消费者喜爱，消费者在采摘过程中接近大自然，收获实物农产品的同时还能获得采摘体验。PYO 模式有助于拉动农产品需求、增加农产品价值、促进乡村旅游发展，对于经济落后地区群众具有重要的价值。在相应的发展规划和系列激励政策下，涌现了许多 PYO 农场，为游客提供实体农林商品的采摘项目。在网络购物日益普遍的大环境下，为扩大销售量和方便消费者，部分 PYO 农场开通了线上渠道，供消费者在线上购买农产品。然而，对于具有诸多优势的 PYO 农场而言，是否有必要通过线上渠道销售农产品？是否有必要考虑线上线下渠道融合的方式销售农产品？倘若采用线上线下渠道融合方式，又将选用何种运营策略？

针对以上问题，本书以由单个农民合作社和单个线上零售商组成的 PYO 模式供应链为研究对象，基于消费者效用理论，考虑不同购买方式及组合的特点刻画消费者的效用，得出相应的需求函数。以利润最大化为目标建立农民合作社与线上零售商的利润函数，求解其最优决策，得出最优需求量和最优利润。通过比较分析，研究 PYO 模式下农产品供应链关于不同渠道结构的开通条件和农产品供应链全渠道运营策略。

通过模型构建和数值分析等，研究得到无论在集中决策还是分散决策下，对于只经营线下 PYO 农场的农民合作社而言，实施双渠道农产品供应链将使其获得更多利润；PYO 模式下实施农产品供应链全渠道的可行性与具体条件相关，根据 BOPS（线上下单线下取货，Buy online and Pick up in Store）方式及与其他购物方式的组合，可分为四种情形，BOPS 客户额外消费衍生利润越大，越适宜实施 BOPS 情形一与情形二，实施 BOPS 后，情形三与情形四利润减少，不适宜实施 BOPS 情形三与情形四，但集中决策下情形四中 BOPS 出行成本相对系数很小的情况除外；PYO 模式全渠道农产品供应链的策略选择与农民合作社和零售商的经营状况有关，在选择最优策略时，农民合作社线下边际收益率和线上零售商线上边际收益率的相对大小将影响供应链成员的决策。

本书对 PYO 模式下农产品供应链的运作与决策进行了研究，但仍存在许多不足，敬请各位读者批评指正。

目 录

第一章
绪　论

一、研究背景

随着时代发展，在农产品营销过程中，消费者体验受到越来越多的重视。诸多学者认为通过增强消费者体验能拉动农产品需求、增加农产品价值，而农产品供应链中给消费者提供体验服务的一种重要方式就是采摘体验[1,2]。在现实生活中，采摘体验游作为乡村旅游的重要组成部分，随着乡村旅游的大力支持发展迅猛。中央一号文件多次提出发展乡村旅游，相应地，各地也出台了发展规划和系列激励政策。

在国家对乡村旅游的提倡与支持下，乡村旅游发展势态良好，涌现了一批特色旅游小镇，其中较为典型的一类为农业观光采摘型农业小镇。各类开发建设的果园、生态园从消费者体验的角度，不仅为游客提供参观、休闲、饮食服务，还提供实体农林商品的采摘项目。山东省胶州市洋河镇曲家炉村某果园，在果实收获季节可供游客采摘苹果、桃子，游客在园里可以品尝，且采摘后可以一定的价格购买自己采摘的水果。山东省莱西市姜山镇垛埠社区某大枣果园，可供游客采摘梨枣、水晶枣和芒果枣，三个品种的成熟期不一致使得果园采摘可维持在一个半月左右。游客以 30 元/人的门票入园，入园后可以不限量品尝和食用，出园后采摘的大枣需以 15 元/斤的价格购买。江西省九江市武山镇林兴果园栽种了杨梅、枇杷、早熟梨等果树，在采摘季节可供游客采摘游玩。杨梅的市场价一般为 10 元，但在果园采摘的杨梅价格远远高于 10 元，且供不应求。游客通过亲身的采摘、品尝体验对农产品有了更直接的认识，带动了农产品的需求，促进了农产品的销售，增加了农产品的价值，同时因为游客采摘减少了果园在传统模式下的采摘成本、分拣成本以及运输成本。本书以可供游客自我采摘（Pick Your Own，PYO）的水果、蔬菜等农产品的农场所在的农产品供应链为主要研究对象。

农民合作社、农户们开发多种类型的 PYO 农场，供消费者采摘、娱乐和休闲[3-5]，消费者可以在 PYO 农场购买自己采摘的农产品。与传统零售模式相比，PYO 模式具备许多不同之处。首先，PYO 实现了农产品从田地直接到消费者手中的过程，有效减少了食物里程，食物里程常用于测量食物在运输中，温室气体排放量对环境的影响（Cleveland et al.，2011）。PYO 不仅利于降低运输成本，而且能减少温室气体排放。在传统零售模式下，农产品经中转、分销、批发、零售等多种环节才能到达消费者手中。在农产品的运输过程中，卡车运输是主要的运输方式，较其他运输方式排放的温室气体量更大，因此，购买传统零售模式下的水果和蔬菜的温室气体排放量相对较高，占家庭总二氧化碳排放量的23%[7]。PYO模式能以较少的食物里程使消费者获得农产品显得更具有重要意义。其次，农产品属于易逝品，由于水分和营养物质的流失[8]，农产品在采摘后新鲜度会随着时间的推移而降低[9-12]。传统零售模式下，农产品被采摘后经过运输到达货架上，等待消费者购买，在此过程中，农产品的新鲜度降低。而PYO模式下消费者直接采摘农产品，较大程度保证了农产品的新鲜度。因此，PYO模式为消费者提供了更新鲜和更健康的农产品[13,14]。同时，在采摘过程中，消费者可以享受PYO模式带来的采摘体验[4,5,13-15]。获得采摘体验也是消费者选择PYO模式的主要原因之一。最后，对农民合作社、农户而言，PYO模式能带来额外的经济效益。在PYO模式下，农民合作社、农户们不再需要花费人力、时间等成本采摘农产品[16]。而且，消费者在PYO农场现场购买农产品，可以降低农民合作社、农户们的运输成本[3,16]。综上，PYO是一种环境友好、可持续、健康的消费模式，具备诸多优势。相对而言，PYO模式也存在一些不便之处。PYO农场往往距离城市中心有一定的距离，消费者前往时需要承担一定的交通费用。特别是当消费者前往PYO农场未找到满足其需求的农产品时，可能会驾车前往其他PYO农场，从而增加相应的出行成本及降低PYO带来的环境效益。而且，PYO农场主要面向本地居民或外来游客，对于一些地区性的农产品，外地消费者不经旅行无法通过PYO农场渠道采摘和购买农产品。结合PYO模式本身的特征及其与传统零售模式的差异，从某种意义而言，PYO方式利于环境的可持续发展，对可持续消费模式的创新具有借鉴意义和启示作用，但其面向的市场有限，仅针对特定的消费者群体。

得益于信息技术和物流管理的快速发展，电子商务已成为人们生活的重要组成部分[17]。网上购物因其便利性和动态信息的提供而受到青睐[18-20]。网上购物给传统零售业带来了机遇和威胁，PYO 农场也不例外。为扩大销售量和方便消费者，部分 PYO 农场开通了线上渠道，供消费者在线上购买农产品。例如，许多 PYO 农场在淘宝上都有相应的网络店铺。但是，对于具有诸多优势的 PYO 农场而言，是否有必要通过线上渠道销售农产品？传统线下农产品零售已和线上销售相结合，多种农产品在线上以不同的销售模式销售。例如，农民合作社签约成为大型超市的承包商，同时通过自己的电子商务渠道销售剩余的农产品[21]。部分零售商通过自建平台线上直销和线下渠道销售农产品[22]。但是，PYO 农场的主要特点之一是消费者体验，其是否适合开设线上渠道？在现实生活中，许多消费者在 PYO 农场购买了农产品后，会重复购买。PYO 农场若开通线上渠道将满足这些需求，并节省消费者的交通成本。此外，在 O2O 模式盛行的环境下，部分线上平台为消费者提供种植虚拟农产品的体验游戏，消费者可以在网上购买和种植农产品，当农产品成熟后，消费者可以前往线下农场取货。消费者在网上购买农产品，然后前往农场取货，属于线上下单线下取货（Buy Online and Pick up in Store，BOPS）模式。当然，不同购物模式都有各自的优缺点。例如，线上购买线下配送模式很方便，但是运输和配送的等待时间很长，农产品的新鲜度会降低；PYO 可以保证新鲜度，但是消费者必须亲自前往农场采摘；BOPS 消费者既不用花时间等待产品运输配送，也不用花时间采摘，但需要前往农场取货。因此，从理论上看，不同购物模式将满足不同的消费者需求。PYO、线上下单线下配送、BOPS 是现实生活中关于农产品的三种常见购物方式，研究 PYO 与线上下单线下配送方式构成的双渠道农产品供应链，以及 PYO、线上下单线下配送、BOPS构成的全渠道农产品供应链运作具有重要的现实意义。

二、研究意义

本书基于以上问题，从渠道结构和定价等运作策略方面对PYO农场所在的农产品供应链进行研究。具体而言，研究意义包括理论意义和实践意义。

理论意义：讨论PYO农场相关的供应链决策，丰富了农产品供应链渠道运营的相关理论研究。以PYO农场所在农产品供应链为研究对象进行研究的成果较少，有关的定量研究更少，因此本书能在一定意义上充实有关农产品供应链的理论研究，为理论研究提供一定的参考。此外，在本书所涉及的双渠道与全渠道供应链中，PYO农场负责线下渠道，零售商负责线上渠道，与现有工业品供应链研究中零售商负责线下渠道—生产商负责线上渠道不同，从供应链结构上能进一步补充供应链的理论研究。

实践意义：乡村旅游可将第一、第二、第三产业有效融合在一起，是贫困地区扶贫的有效方式，是贫困群众脱贫的重要渠道。而利用互联网平台构建线上线下渠道推销农林旅游商品是新的发展趋势。可见采摘游与农产品线上售卖结合对农村扶贫具有促进作用，对新农村建设具有重要意义。因此，研究PYO农场所在的农产品供应链及其渠道结构与扶贫政策导向一致，具有重要的现实意义，对农产品供应链的长效高速发展、线上线下渠道融合、乡村旅游发展改革、消费经济持续快速增长都具有长远的实践意义。结合线上渠道的消费者采摘，为农民合作社是否实施双渠道、全渠道给出建议。全渠道农产品供应链运营策略研究为线上线下融合提供可持续发展的途径。

三、研究思路

本书以PYO农场所在的单渠道农产品供应链为基准，进而对双渠道、全渠道农产品供应链分别进行分析，讨论双渠道与全渠道供应链的可实施条件。针对全渠道农产品供应链的不同运营策略进行了比较分析。

首先，针对PYO模式单渠道供应链，建立PYO方式下消费者的效用函数，基于此给出需求函数，构建利润模型得到农民合作社的最优定价策略解，分析等待成本等因素对农民合作社决策的影响。

其次，引入线上零售商开通线上渠道，建立PYO方式和线上下单线下配送方式下的消费者效用函数，导出线上线下双渠道供应链情形下农民合作社与线上零售商的需求函数，基于博弈模型求解供应链成员的最优线上线下价格、批发价策略解，分析等待成本等各参数对最优决策的影响，探讨实施双渠道供应链的条件。

再次，设计线上线下渠道的融合方案以及农民合作社与线上零售商的合作模式，建立包括“线上下单线下取货”业务在内的三种方式下消费者效用函数，农民合作社与线上零售商的需求函数，基于博弈模型求解最优定价策略解，分析各参数对最优决策的影响，讨论实施全渠道供应链的条件。

最后，以 BOPS、纯线下与纯线上方式并存时的 PYO 模式全渠道供应链为研究情境刻画相应的需求函数，构建不同运营策略下的博弈模型，求解相关关键因素的最优决策，通过数值试验和对比分析，比较不同运营策略间的差异，为实施 BOPS 提供相关运营建议。

四、主要内容

本书以由单个农民合作社和单个线上零售商组成的 PYO 模式下的农产品供应链为研究对象，研究其在不同渠道结构下的定价模式、渠道的开通条件和全渠道供应链的合作。主要内容分为四个部分。

（一）PYO 模式双渠道农产品供应链最优决策及可实施性

研究农民合作社只开展线下采摘时的单渠道农产品供应链。基于消费者效用理论，考虑农产品新鲜度随时间流逝的特性，刻画消费者在线下 PYO 农场采摘的效用，得出相应的需求函数。以利润最大化为目标建立农民合作社的利润函数，求解其最优定价决策，得出单渠道时的最优需求量和最优利润。并以此作为基准模型。研究引入线上零售商后，线上零售商负责线上购买渠道，农民合作社负责线下采摘渠道的双渠道农产品供应链。通过消费者线上购买和线下采摘的效用函数，分别得出线上线下渠道的需求函数。依据相应的需求函数分别构建农民合作社和线上零售商的利润函数。对农民合作社、线上零售商在集中与分散决策下的模型进行分析求解，对比开通双渠道前后的利润，讨论实施双渠道的条件。

（二）集中决策下 PYO 模式全渠道农产品供应链最优决策及可实施性

研究线上线下渠道融合情况下的全渠道农产品供应链，典型的如提供“线上下单、线下取货”业务的全渠道供应链。除传统的线上线下业务外，农民合作社与线上零售商合作提供“线上下单、线下取货”业务，分享该项业务带来的收益。利用消费者效用理论刻画 PYO、线上下单线下配送、BOPS 三种购买方式下消费者的效用，得出相应的需求函数。根据分析，共有四种 BOPS 情形出现。以此为基础建立农产品供应链的利润函数，求解集中决策下的最优定价。与集中决策下双渠道的利润进行对比，讨论集中决策下实施双渠道的条件。

（三）分散决策下 PYO 模式全渠道农产品供应链最优决策及可实施性

在上一部分存在四种 BOPS 情形的基础上，构建农民合作社与线上零售商的利润函数。根据两者的利润函数与决策顺序，分析农民合作社与线上零售商的 Stackelberg 博弈，求解分散决策下的最优定价。与分散决策下双渠道的利润进行对比，讨论分散决策下实施全渠道的条件。

（四）PYO 模式农产品供应链全渠道策略分析

由单个农民合作社和单个线上零售商组成的供应链，提供有机农产品，以努力等投入因素进行市场竞争，农民合作社需要决定有机种植努力和服务努力，线上零售商需要决定有机溯源技术努力和宣传努力。农民合作社与线上零售商分别以完全合作、完全不合作、成本分担、收益共享、综合契约五种策略实施 BOPS，基于博弈模型，对五种策略进行比较分析。

本书研究围绕 PYO 模式，分析开通其他相关销售渠道的影响和可行性，得到各方利润和策略选择的利弊和实施条件，可为业界提供参考。

第二章
文献综述

以 PYO 农场所在的农产品供应链为研究对象，研究了双渠道、全渠道的可实施性与运营策略等问题。研究开展基于定价、努力、渠道管理等供应链运作决策。结合研究需要，本章从供应链渠道结构、全渠道与 BOPS、供应链运作决策、农产品供应链四个方面进行文献综述。

一、供应链渠道结构

从结构方向上，可以将供应链渠道结构分为供应链纵向和供应链横向两类渠道结构。

（一）纵向渠道结构

供应链纵向渠道结构主要包括纵向集中结构（或称中心化、纵向一体化、纵向整合）和纵向分散结构（或称纵向分离），其中纵向集中结构的主要特征是供应链成员之间的资产统一集中控制，纵向分散结构下供应链成员间资产各自独立决策[23,24]。与之相对应的两种决策方式为集中决策和分散决策，集中决策是指供应链成员以供应链整体最优为决策目标进行决策，分散决策是指供应链成员以自身最优为决策目标进行决策。Spengler（1950）发现当供应链被寡头垄断时，分散结构存在双重边际效应，纵向整合结构或集中决策可以使供应链达到最优绩效[25]。许多文献针对不同供应链进行研究，同样得到分散结构存在双重边际效应，以及集中决策下供应链利润大于分散决策下供应链利润等结论，其中部分研究以集中决策为基准进一步设计分散决策下的供应链协调契约[26-33]。但也有文献发现在一些情况下，分散结构比集中结构下能获得更优的绩效。McGuire 和 Staelin（2008）分析了两个生产替代性产品生产商的情况，得到当竞争激烈时生产商采用分散结构会优于集中结构的结论[34]。由此，学者们从延保服务等不同视角研究了供应链间竞争强度和供应链纵向渠道结构策略的关系[23,24,35]。Su 和 Zhang（2008）对存在策略性消费者的供应链进行研究，发现采用批发价合同的分散供应链绩效比集中供应链绩效更优[36]。

本书对不同情形下的 BOPS 分别构建了集中决策模型和分散决策模型，通过分析探讨供应链纵向渠道结构对全渠道供应链绩效的影响。

（二）横向渠道结构

从供应链横向渠道结构角度分为有单渠道结构、双渠道结构、多渠道结构和全渠道结构。在单渠道供应链中，消费者只能通过一个渠道购物[37,38]。大多数情况下，单渠道指零售商的实体店渠道，通常被称为传统渠道。在双渠道供应链中，消费者可以通过两个渠道购物，通常是指传统的零售渠道，以及通过电子邮件、电视、网络等方式提供信息但不具备实体店的销售渠道。较常见的主要有两种类型，一种是生产商开设直销渠道，同时将产品批发给零售商通过其实体店渠道销售[39-42]，另一种是零售商同时具备实体店渠道和线上渠道[43,44]；在多渠道供应链中，消费者可以通过两个以上渠道购物，如生产商具有线上直销渠道，同时零售商除实体店渠道外开设线上渠道[45]。在全渠道供应链中，消费者可以通过所有可用的购物渠道购物，全渠道模式强调渠道间的融合[46-48]。具体形式有BOPS[46,49,50]、HTO[51]、STS[52]、Showroom[53-55]等。

本书分别对PYO模式农产品供应链的单渠道、双渠道、全渠道情形进行研究，并通过对比，讨论相应的实施条件。与一般工业品供应链渠道研究不同，本书所述的PYO模式下农产品供应链的单渠道是指农民合作社仅经营线下PYO农场时的情形，双渠道是指农民合作社经营线下PYO农场，同时零售商经营纯线上渠道时的情形，全渠道是指含有线上线下渠道融合的BOPS方式的情形。根据BOPS方式及其与其他购物方式的组合，可具体分为四种情形，分别是BOPS情形一（BOPS、纯线下及纯线上）、BOPS情形二（BOPS与纯线下）、BOPS情形三（BOPS与纯线上）、BOPS情形四（仅BOPS）。

二、全渠道与BOPS

（一）全渠道供应链

由于全渠道供应链与本书的关系较为密切，本书对此进行详细阐述。全渠道作为新兴业态，部分学者进行了相关的定性分析。李飞（2013，2014）给出了全渠道的含义、成因以及全渠道的对策，继而提出并定义了全渠道营销的概念，对这个概念进行了理论和应用的说明，强调全渠道中的“渠道”是营销组合四个要素组合的渠道，并总结了全渠道营销管理理论的模式[56,57]。齐永智和张梦霞（2014）阐述了零售渠道的演化路径，描述了全渠道的购买过程与销售过程，并与传统客户关系管理对比，从订单管理、支付、配送等全渠道实施方面进行了分析[58]。Piotrowicz 和 Cuthbertson（2014）以全渠道零售为出发点，讨论了信息技术在零售业中的作用、新的商业模式、传统零售实体店在电子商务发展中的未来角色，并介绍了相关的四篇专刊论文[59]。姜丽媛（2015）从外部经济环境、技术、消费者消费习惯等方面探讨了产品的网络适应性变化，并提出相关对策[60]。马慧敏（2017）描述了梅西百货的全渠道零售模式，指出我国零售企业全渠道应用存在的问题，提出国内百货业实施全渠道模式的途径[61]。以上文献从定性的角度对全渠道的含义、成因、模式、演化路径等方面进行了阐述，结合全渠道线上线下融合、线下体验等特征提出了发展策略。

部分学者关于全渠道展开了实证研究。Brynjolfsson 等（2013）开展了相关的实证研究，发现传统零售和线上零售之间的差异性正在消失，智能手机等先进技术将物理上的触感与线上内容相结合，营造了全渠道环境，线上和线下零售商需要以新颖、创新的方式进行竞争，并提出了适合全渠道零售的策略，包括提供具有吸引力的定价和策划过的内容等[48]。施蕾（2014）从实证的角度证实消费者综合运用购物渠道的能力增强，运营者应为全渠道零售做好整合、管理方面的准备[62]。Bell 等（2015）通过分析实际数据发现仅有展厅时可增加展厅周围及其交易区域内的整体需求，使部分客户在渠道间迁移[54]。Gallino 等（2016）关于 STS 进行了实证分析，证实 STS 方式会导致销售分散度增加，并量化了销售分散度增加对库存量的影响，建议零售商通过重设产品组合策略、调整供应链结构等方法来应对[52]。王勇和李文静（2016）选择优衣库作为实证研究对象，研究了全渠道营销中消费者线下购买对线上购买的影响关系，发现线上、线下满意度和线下购买意愿与线上购买意愿显著正相关[63]。Bell 等（2017）基于全渠道环境下的实体展厅，分析了对市场和运营商的影响，并表明展厅对需求和运作效率两者都有利[55]。上述文献从实证分析的角度研究了消费者购物渠道的选择行为、线下购买对线上购买的影响、线下取货对线下库存的影响等。

Gao 和 Su（2017）研究了实体陈列室、虚拟陈列室等三种信息机制对全渠道消费者购物选择的影响，发现这些信息机制可增加消费者购买产品的概率，从而使零售商利润更高[53]。黎继子等（2019）基于众包全渠道设计讨论了订单设计生产决策问题，发现考虑用户体验和满意度的全渠道定制设计模型能保证决策的准确性[64]。上述文献采用数理方法对全渠道供应链中的决策问题进行研究。

（二）BOPS

BOPS 作为全渠道模式中最重要的一种，引起了诸多学者的关注。Bell 等（2014）基于客户实际数据，对全渠道零售展开研究，认为消费者的全渠道行为正在刺激零售商以创新的方式提供信息和产品，传统零售商和线上零售商应考虑展厅和 BOPS 等线上线下融合的零售方式[47]。

Gao 和 Su（2016）基于消费者效用针对全渠道模式中的 BOPS 进行了研究，发现并不是所有产品都适合于这种模式，BOPS 可使零售商能够接触新客户，但对于现有客户，可能会降低利润率；在分散决策下，BOPS 收益应跨渠道共享以减轻冲突[46]。孔瑞晓等（2019）则基于消费者对线上购买产品的价值认同低于线下，考虑通过 BOPS、纯线上及实体店购买产品的麻烦成本，研究了实施 BOPS 对价格、需求、利润的影响，发现并不总是有利，当消费者对线上线下产品的价值认同差异越小，越适合实施 BOPS[65]。刘金荣等（2019）从网络退货率和不同渠道的消费者购物成本出发讨论消费者效用，研究了实施 BOPS 的定价与服务决策，发现低线上退货率高线上购物成本时，更适合实施 BOPS[66]。这些研究均以全渠道中产品统一价为前提，基于消费者效用讨论了实施 BOPS 对利润的影响。Cao 等（2016）则以线上线下产品不同价为前提，分析了在单线上渠道基础上实施 BOPS 和双渠道基础上实施 BOPS 对供应链上需求和利润的影响，发现当消费者通过 BOPS 购买产品给零售商带来的处理成本较小时，零售商能获得更多利润[67]。以上文献以单个零售商为研究对象，部分学者对多供应链成员共同实施 BOPS 进行了研究。刘咏梅和周笛（2018）以单制造商和单零售商组成的供应链为研究对象，对比了实施 BOPS 后的同价全渠道供应链与实行 BOPS 前不同价双渠道的定价与服务决策，认为是否实施 BOPS 与偏好传统线下实体店的消费者比例、消费者的线下服务敏感性有关[68]。张琴义等（2019）则以单线下零售商和单线上零售商组成的供应链为研究对象，在同价条件下比较了实施 BOPS 前后的定价与服务决策，进而讨论了 BOPS 实施的适用条件，仅适于消费者线下服务敏感性高时[69]。上述文献基于全渠道产品同价研究了多供应链成员情形下 BOPS 的实施，但未从消费者效用及选择的角度进行探讨，本书将基于消费者效用研究多供应链成员合作实施 BOPS 的情形。以单生产商负责线下渠道、单零售商负责线上渠道时为研究背景，考虑在合作的初级阶段分别定价更切合实际，因此主要考虑线上线下售价存在差异时的消费者效用。参考相关文献关于消费者对不同来源或不同种类产品的价值认同不同的观点[65,70-72]，结合实际，以消费者对通过三种方式购买的产品价值认同存在差异为研究前提。此外，现有文献主要探讨了实体店、BOPS、纯线上并存时或 BOPS、纯线上并存时的全渠道情形，而本书根据消费者选择效用最大的购物方式的原则，逐一讨论了可能出现的四种 BOPS 情形。

有学者从其他视角研究了全渠道供应链的决策问题。刘咏梅等（2018）基于消费者异质性、传统线下零售服务较 BOPS 服务丰富导致两者服务成本存在差异、向上销售等要素，展开了关于全渠道定价和服务的系列研究[73-75]。Jin 等（2018）研究了 BOPS 模式下的最优定价决策和服务半径，并比较了三种不同订单取消政策的适用性，按取消订单时的退款金额多少将取消政策分为宽松、中等、严格三种，认为宽松和严格的订单取消政策更适用于ROPS（Reserve Online Pick up and Pay in Store，线上预定线下付款取货）模式，中等的订单取消政策更适用于BOPS[50]。严建援和李雅婷（2019）从为BOPS客户提供额外增值服务的角度研究了定价和服务决策，得出增值服务能使供应链获得利润且线上线下不同价时利润更多的结论[76]。可见，服务是BOPS区别于其他购买方式的一个主要因素。

从优化模型中供应链成员的组成、职责来看，可以归为两类，分别是单零售商负责线上线下渠道的情形[46,50,65-67,76]，其中Gao和Su（2016）讨论了线上线下渠道由不同部门负责时分散决策的情形[46]，与两个供应链成员分别负责线上线下渠道的情形，其中又包括单零售商负责线下渠道、单生产商负责线上渠道[68,73-75]，单线下零售商负责线下渠道、单线上零售商负责线上渠道[69]。可知现有BOPS的相关文献中大部分都属于单供应链主体运营全渠道或零售商负责线下渠道、生产商负责线上渠道的结构形式，较少考虑生产商负责线下渠道、零售商负责线上渠道的情形。部分文献以单生产商与单零售商为研究对象，可见在相关研究中，单生产商与单零售商组成的全渠道供应链具有一定的代表性，因此本书同样选取由单生产商与单零售商组成的全渠道供应链进行研究，但主要从单生产商负责线下渠道—单零售商负责线上渠道结构的视角出发，研究PYO模式农产品供应链的BOPS实施。

三、供应链运作决策

在供应链管理相关文献中，供应链的最优策略包括定价、订货、质量、服务、广告、努力、渠道管理等。与本书相关的主要有定价决策、努力水平决策、渠道管理决策。

（一）定价决策

许多学者在不同情境下研究了供应链的定价决策。张国兴等（2015）从渠道权力结构的角度研究了零售商或生产商主导的 Stackelberg 博弈以及 NASH 博弈模型下双渠道供应链的定价等决策，发现 Stackelberg 博弈中，权力的获得并不利于利润的获取[77]。但斌等（2016）分析了多渠道供应链中零售商为主导方时的 Stackelberg 博弈，得出最优定价策略及均衡分析[78]。部分学者则以资金约束为前提进行了探讨。肖肖和骆建文（2016）研究了集中和分散决策下不同融资模式对双渠道供应链中企业最优定价决策的影响，给出不同初始资金水平下的最优融资模式[79]。戢守峰等（2017）讨论了零售商内部、混合、外部三种融资模式下，品牌偏好型与实体忠诚型两类消费者对双渠道供应链最优订货和定价策略的影响[80]。还有学者从消费者的因素进行了讨论。曲优等（2017）基于 NASH 讨价还价博弈模型，研究了公平关切及损失规避行为对双渠道供应链及其成员的影响[81]。徐广业等（2019）分析了消费者渠道迁徙行为对双渠道供应链中生产商和传统零售商定价的影响[82]。张雪梅和李盈盈（2019）基于消费者对网络渠道交付时间和消费者对网络渠道的接受敏感性研究了双渠道供应链中生产商的定价策略[83]。刘光福和刘文侠（2017）从原生产商和第三方同时再制造的条件出发，得到了双渠道闭环供应链中新产品和再制造产品的最优差别定价策略[84]。定价决策是供应链管理研究中的常见决策，上述文献研究对象主要为双渠道和多渠道供应链。BOPS 相关文献也涉及了定价决策[65,67]。

部分文献在研究定价决策的同时考虑了服务的因素。肖剑等（2010）通过建立双渠道供应链在服务合作时的定价模型，给出了在 Stackelberg 博弈和 Bertrand 博弈下的定价策略并进行比较，发现渠道价格与服务的边际成本有关，Stackelberg 博弈下的渠道价格均低于 Bertrand 博弈下的渠道价格[85]。邓曦东等（2016）建立了在渠道间比价行为下的双渠道 Stackelberg 博弈模型，得出比价消费者比例与网络销售价格、服务水平、生产商利润、供应链总利润成正比，与传统零售价格、零售商利润成反比[86]。王继光等（2019）考虑了零售商传统线下购买渠道的服务水平，对存在强势生产商线上直销的双渠道供应链中零售商另开辟线上直销渠道情形的定价决策进行研究[87]。

作为供应链中重要的因素之一，许多学者将服务作为决策变量与定价同时考虑。Tsay 和 Agrawal（2000）研究了在单生产商和两个独立零售商组成的供应链系统中，两个独立零售商利用服务和零售价格进行竞争时的最优决策[88]。部分学者讨论了服务对利润的影响。Liu 和 Wang（2013）建立了基于顾客退货条件的供应链定价和服务模型，得到集中和分散决策下的最优策略，发现当生产商在 Stackelberg 博弈中占主导地位时，提供服务的零售商和生产商利润均高于不提供服务的情形；在特定条件下，集中供应链应提供服务[89]。刘咏梅等（2015）考虑了退货因素，得到集中和分散决策下双渠道的定价和服务策略，发现当零售商提供的服务水平小于阈值时，才能使零售商和生产商都获利[31]。部分学者则考虑了服务水平的影响。施国洪和朱孔华（2012）给出了由一个生产商两个零售商组成的供应链在零售商价格和服务存在竞争时，集中决策和分散决策下的定价和服务策略，并发现在不同决策下两个零售商选择的价格与服务水平一致[90]。许明星和王健（2014）研究了生产商和零售商均提供服务时的双渠道供应链定价问题，发现生产商提供的服务对电子渠道及零售渠道的定价均有影响：当生产商的服务水平低于阈值时，提高服务水平使电子渠道价格上升，零售渠道价格下降；高于阈值时，提高服务水平使两个渠道的价格上升[91]。而张学龙和王军进（2016）考虑价格交叉系数、服务替代系数，基于单生产商和两个零售商组成供应链中的定价与服务，设计了协调契约[92]。还有学者关于闭环供应链展开了研究。谢家平等（2017）分别研究了线上直销商占主导和由单线上直销商、单线下服务商组成的闭环供应链的定价与服务决策[93]。周维浪等（2017）基于消费者购买行为对不同渠道权利结构的闭环供应链中新产品和再制造产品的定价和服务水平进行了探讨[94]。这些文献主要集中在研究传统零售渠道供应链和多渠道供应链中的定价和服务问题，较少涉及全渠道供应链。吴晓志等（2015）以线上线下产品同价为前提，对生产商垂直 O2O 供应链和零售商水平 O2O 供应链的定价和服务进行了研究，发现两部定价契约可以协调零售商水平 O2O 供应链[95]。

较多 BOPS 相关文献涉及了定价与服务联合决策[50,68,69,73-76]，可见服务于 BOPS 的重要性，本书在全渠道的运营策略部分将服务努力水平作为考虑因素。

（二）努力水平决策

部分文献基于供应链中单方主体的努力水平决策进行了研究。吴正祥和李宝库（2017）在价格博弈模型基础上考虑零售商的营销努力，发现生产商对零售商的利他行为可以激励零售商的营销努力水平[96]。马雪丽等（2018）以季节性农产品为研究对象，考虑第三方物流供应商在农产品数量和质量损耗方面做出的保鲜努力情况，构建农户、第三方物流供应商和零售商的三级供应链，研究了供应链的决策与协调并具体分析了供应链成员收益的帕累托改进过程[97]。杨怀珍和刘瑞环（2018）在农超对接模式下，以农户、合作社与超市构建的三级农产品供应链为对象，引入农产品损耗因子，分析供应链主体利润受销售价格和努力水平的具体影响，提出了基于努力成本分担的供应链协调策略[98]。范贺花等（2019）在由单生产商和单零售商组成的供应链系统下，当供需市场均不确定时，研究市场需求、产品定价与零售商销售努力之间的关系[99]。Wang 和 Song（2020）在随机需求情况下，生产商生产绿色和非绿色两种产品，以两种产品的销售努力、销售价格以及绿色水平为决策变量，考察了双渠道在集中模式、分散模式及协作模型下的定价决策问题[100]。Taleizadeh 等（2019）将碳减排、退货政策以及产品质量改进努力作为影响供应链绩效的三个激励因素，将企业能生产提高企业收益的产品作为重要目标，研究了在混合再制造模式下，考察上述三因素之间的相互作用及供应链利润情况[101]。

部分文献对供应链中双边主体的努力决策进行了讨论。王永龙等（2018）在生产商和零售商组成的二级供应链下，针对产品需求受双边努力影响、产品回购量受生产商努力影响的情形下，研究了“收益共享 + 两部费用 + 努力成本共担”的组合式契约对供应链收益的协调问题[102]。李小美等（2019）重点从供需市场均随机情况下设计双边努力的供应链协调模型，通过回购与成本分担组合来协调供应商与零售的最优期望利润，研究发现这种组合契约可以实现供应链利润的任意分配[103]。何彦东等（2019）构建由单个物流企业和单个网络零售商组成的二级网购供应链中，考虑市场需求受到产品定价和双方努力水平的影响，研究基于双边努力因素的网购供应链协调问题[104]。上述文献没有考虑全渠道情形下的供应链成员努力决策，而现有全渠道文献中较少考虑供应链双边主体的努力决策。根据 BOPS 实施需要双边主体合作的特征，本书在全渠道的运营策略部分讨论了双边主体实施 BOPS 时的努力决策。

（三）渠道管理决策

对渠道进行管理，为消费者提供新的购买方式引起了学者们的关注。Hernant 和 Rosengren（2017）通过实证研究发现，当线下客户成为跨渠道客户时，其线下购买的频率和规律将发生变化，从而影响线下销售和运营，因此建议线下零售商要慎重考虑是否开设线上渠道[105]。而部分研究则基于数理模型讨论了这个问题。但斌等（2016）对比了单一传统渠道和两类双渠道情形下的供应链成员在 Stackelberg 博弈下的定价决策，认为生产商较早建立电子渠道可缓解传统零售商的抵触、促进供应链良性发展[106]。石平等（2015）使用实物期权方法研究了当运营成本为随机时引入线上渠道的时机[107]。Zhang 等（2017）研究了由零售商和生产商组成的供应链的渠道结构选择和定价策略，发现零售商的渠道结构选择受消费者对线上渠道接受率的影响[108]。梁喜等（2018）比较了在生产商主导的双渠道供应链中，网上直销、网上分销、网上代销三种形式下生产商的最优定价决策，并讨论了生产商的渠道选择[109]。Chen 和 Chen（2017）在线上渠道高回报率环境下研究了线上渠道引入决策，发现线上渠道、线下渠道或双渠道的选择取决于线上渠道和线下渠道的效率比[110]。Nie 等（2019）研究了两个线下零售商竞争时是否开设线上渠道的决策，发现跨渠道效应的显著性、积极性和消极性对决策产生影响[111]。Li 等（2018）对经营传统零售渠道的厂商进行了线上渠道和品牌引进的调查，发现品牌引进是合适的，而线上渠道的引入则取决于具体的条件[112]。徐兵和刘露（2016）研究了信息搭便车情况下，考虑次品返修的双渠道供应链定价和服务策略，给出了回购加信息服务补贴合同以协调供应链，发现增加电子渠道对供应链整体而言是有利的，适当的信息搭便车行为、提高产品正品率均能给供应链中各方带来好处[32]。上述研究探讨了传统零售商是否应该开设线上渠道。

部分 BOPS 文献中讨论了渠道管理决策[65,68,69]，其研究对象均属于“单零售商负责线上线下渠道”或“单零售商负责线下渠道—单生产商负责线上渠道”结构，而本书则分析了“单生产商负责线下渠道—单零售商负责线上渠道”结构下 BOPS 的可实施性。

四、农产品供应链

关于农产品供应链的研究成果，大多数文献基于新鲜度[113-115]、易腐性[116]和实物损耗[117]等描述农产品供应链的特征。进而研究农产品供应链的定价[115,116]、订货[115,118-120]或努力[113,116,119]等最优决策，或讨论农产品供应链的协调[113-115,118,119,121]。部分文献从农产品供应链特有结构出发，考察了不同供应链成员组合下的最优决策，如“公司+农户”[122,123]、农超对接[124]、“农户+合作社+龙头企业”[125]、“公司+合作社+农户”[126]。PYO 农场属于农产品供应链成员，但较少研究将 PYO 农场所在的供应链作为研究对象。现有关于 PYO 的研究多以 PYO 农场为对象进行研究，且大多为定性研究。

Kadet（2015）通过研究得出结论，尽管 PYO 模式比较流行，但农场执行 PYO 操作的成本相对较高[4]。然而根据 Burnap（2013）对 Butternut 农场的研究，发现 PYO 农场在节约劳动力成本方面表现出色，并提出了经营和发展 PYO 农场的想法和策略[16]。Frith（2006）提出，由于 PYO 客户可能缺乏专业采摘技能，具有一定特性的农产品更适合 PYO，如果实成熟期较长、果实位置明显、易采摘、口感好、冷冻后品质尚佳等[5]。Carpio 等（2008）对北卡罗来纳州农场的研究发现价格是影响消费者选择 PYO 的重要因素[13]。Rouquet 和 Pachã（2017）从体验式物流的角度比较了 PYO 农场和大型零售店[14]。上述研究主要采用述评或实证方法来分析 PYO 操作的运营特点和 PYO 客户的购买特征。本书则以 PYO 农场所在的农产品供应链作为研究对象，通过构建模型对其定价、渠道结构和运营策略进行讨论。

五、本章小结

综上，现有文献对双渠道、全渠道供应链进行了定价、服务等运作决策方面的研究。但从结构角度来看，当线上线下渠道分别由生产商和零售商运营时，现有文献仅涉及零售商负责线下渠道—生产商负责线上渠道结构。但实践中存在生产商负责线下渠道—零售商负责线上渠道结构的实例，因此本书对属于此类结构的 PYO 模式农产品供应链的运作与决策进行了研究。从农产品供应链研究对象的角度来看，现有研究主要以传统农户所在的农产品供应链为研究对象，本书主要研究了农民合作社负责 PYO 农场时的农产品供应链。从运作决策角度来看，现有 BOPS 相关研究主要探讨了定价决策、定价与服务的联合决策、渠道管理决策等，本书在讨论上述运作决策外还讨论了努力水平决策。

第三章

PYO 模式双渠道农产品供应链决策

一个经营 PYO 农场的农民合作社试图将业务扩展到线上，拟与线上零售商合作实施双渠道运作。在现有供应链中，农民合作社负责线下 PYO 农场的运作与采摘类产品的销售。开通线上渠道后，在双渠道供应链中，农民合作社负责 PYO 农场的运作与采摘类产品的销售，线上零售商负责线上销售。本章针对开通线上渠道前后的情况建立模型，并进行对比，讨论经营 PYO 农场的农民合作社与线上零售商合作开通双渠道的可实施性。全文通用符号与第三至第五章所使用符号及相关的说明如表 3.1 所示。

表 3.1　全文通用与第三至第五章所用符号及相关说明

全文通用符号	说明
p_s、p_e、w	线下售价、线上售价、产品批发价
q_i	方式 i 的需求量
π_f、π_o、π	农民合作社、线上零售商、供应链的利润
第三至第五章所用符号	说明
u_i	消费者通过方式 $i(i=s, b, e)$ 购买产品时获得的效用
ν_i	消费者通过方式 $i(i=s, b, e)$ 购买产品时对产品的价值认同，假设 $v_s=v>0$、$v_b=\xi_b v$、$v_e=\xi_e v$，且满足：$0<\xi_e<\xi_b<1$

续表

本章所用符号	说明
h	消费者通过线下下单自提产品方式购买产品时前往实体店的出行成本，且 $h>0$
ϕ	BOPS 方式出行成本相对线下下单自提产品方式的系数，消费者通过 BOPS 方式购买产品时的出行成本为 ϕh，且 $0<\phi<1$
t_e	消费者通过线上下单线下配送方式购买产品时所需的等待时间，且 $t_e>0$
δ	新鲜度衰减值极值，且 $\delta>0$
τ_e	消费者通过线上下单线下配送方式购买产品时产生的等待成本，$\tau_e>0$
κ	为线上零售商提供 BOPS 服务时获得的单位补偿，且 $\kappa>0$

本书以上标 * 表示最优决策，以上标 d 表示分散式决策，以上划线^表示 PYO 模式单渠道供应链，以上划线“ ~ ”表示 PYO 模式双渠道供应链。

一、基准模型——单渠道供应链模型

在 PYO 模式单渠道供应链中，农民合作社负责 PYO 农场的运作与采摘类产品的销售，产品线下售价为 p_s。消费者可前往 PYO 农场采摘购买并自提产品，记该方式为 s，设消费者购买该产品所获价值为 v。消费者到 PYO 农场采摘需承担出行带来的交通费用和其他相关的麻烦成本，记为出行成本 $h>0$。消费者前往 PYO 农场采摘购买该产品所获效用如下：

$$u_s = v - p_s - h \tag{3.1}$$

假定单个消费者只购买一件产品，但不同消费者的价值认同不同，设消费者群体对该产品价值 v 的判断服从［0，1］均匀分布。令 $u_s=0$，有 $v_s=p_s+h$。

此时，需求为：$q_s=\int_{v_s}^{1}\mathrm{d}v=1-v_s$。

即需求函数为：

$$q_s=1-p_s-h \tag{3.2}$$

基于上述假设，不考虑相关成本，农民合作社的利润为：

$$\pi_f(p_s)=p_sq_s \tag{3.3}$$

因$\frac{\partial^2\pi_f}{\partial(p_s)^2}=-2<0$，$\pi_f(p_s)$是一个严格可微的凹函数。通过求解一阶条件$\pi'_f(p_s)=0$，得到单渠道供应链最优价格：

$$\hat{p}_s^*=\frac{1}{2}(1-h) \tag{3.4}$$

利用最优线下价格，可得到农民合作社的需求量和利润：

$$\begin{cases}\hat{q}_s^*=\frac{1}{2}(1-h)\\ \hat{\pi}_f^*=\frac{1}{4}(1-h)^2\end{cases} \tag{3.5}$$

单渠道供应链模型中，价格与出行成本成反比，需求量与出行成本成反比，农民合作社的利润与出行成本成反比。

二、双渠道供应链模型

（一）模型描述与假设

农民合作社与线上零售商合作实施双渠道运作后，在PYO模式双渠道供应链中，农民合作社负责 PYO 农场的运作与采摘类产品的销售，产品线下售价为 p_s。线上零售商负责线上销售，其以批发价 w 从农民合作社处批发产品到线上销售，线上售价为 p_e。消费者可通过 PYO 模式采摘产品并线下自提与线上下单线下配送两种方式购买产品，记为方式 $i(i=s, e)$。参考 Gao 和 Su (2016)[46]、陈志松和方莉(2018)[127]、孔瑞晓等(2019)[65]的相关研究，将 PYO 模式采摘产品并线下自提方式简称为纯线下方式，将线上下单线下配送方式简称为纯线上方式，下同。相对于纯线上方式而言，消费者到 PYO 农场采摘可获得采摘体验、产品体验与现场服务，设纯线下、纯线上购买该产品所获价值分别为 v、$\xi_e v$。进一步，ξ_e 刻画了消费者认同纯线上方式的程度，其值越大，消费者所获价值越大、越偏好纯线上方式，设 $0<\xi_e<1$。纯线下方式下，消费者到 PYO 农场采摘需承担出行带来的交通费用和其他相关的麻烦成本，记为出行成本 $h>0$。纯线上方式购物需等待线下配送，等待产品线下配送将导致农产品新鲜度的损失，记为 $\delta\left(\frac{t_e}{T}\right)^2=\bar{\theta}-\theta(t_e)>0$。其中，$\bar{\theta}$为初始新鲜度，$T$ 为农产品的保鲜期，t_e 为消费者通过纯线上方式购买时农产品被采摘后到消费者手中的时间，且 $t_e\in[0, T]$，δ 表示经过保鲜期 T 后新鲜度衰减值极值。新鲜度 $\theta(t_e)$ 随时间 t_e 消逝而下降，从而低于初始新鲜度。假设消费者对农产品的期待值为初始新鲜度，PYO 方式中，消费者可得初始新鲜度的农产品，但纯线上方式下，农产品被采摘后还需经过一定时间的运输和配送。为便于计算，令 $\tau_e=\delta\left(\frac{t_e}{T}\right)^2$，记为等待成本。农产品被采摘后到消费者手中的时间 t_e 越长，等待成本越大；农产品的保鲜期 T 越短，等待成本越大；经过保鲜期后新鲜度衰减值极值 δ 越大，等待成本越大。因此农产品被采摘后到消费者手中的时间、经过保鲜期后的新鲜度衰减值极值对 BOPS 可实施性的影响与等待成本同向，农产品的保鲜期对 BOPS 可实施性的影响与等待成本反向，不再赘述。

假定线上零售商实施免费配送，消费者通过纯线下、纯线上方式购买该产品所获效用为：

$$u_i = \begin{cases} v - p_s - h & (i = s) \\ \xi_e v - p_e - \tau_e & (i = e) \end{cases} \tag{3.6}$$

假定单个消费者只购买一件产品，但不同消费者的价值认同不同，设消费者群体对该产品价值 v 的判断服从［0，1］均匀分布。令 $u_i = 0\,(i = s,\ e)$，有 $v_s = p_s + h$，$v_e = \frac{1}{\xi_e}(p_e + \tau_e)$。令 $u_s = u_e$，得到消费者选择的无差异点：$v_{se} = \frac{1}{1 - \xi_e}[(p_s - p_e) + (h - \tau_e)]$。

消费者将基于效用最大化原则选择购物方式，有如下两种情况：

（1）当 $u_s \geqslant \max(0,\ u_e)$ 时，即 $v \in [\max(v_s,\ v_{se}),\ 1]$，消费者将选择纯线下方式购物；

（2）当 $u_e \geqslant \max(0,\ u_s)$ 时，即 $v \in [v_e,\ v_{se}]$，消费者将选择纯线上方式购物。

当 $1 > \max(v_s,\ v_{se}) = v_{se} > v_e > 0$ 时，纯线下、纯线上方式均有消费者选择。

为保证两种购物方式同时存在需求，需要如下条件 C3.1 成立。

条件 C3.1　满足：$1>\frac{p_s-p_e+h-\tau_e}{1-\xi_e}>\frac{p_e+\tau_e}{\xi_e}>0$。

在条件 C3.1 下，两种购物方式均有需求，且纯线下需求、纯线上需求为：

$$q_i=\begin{cases}1-\frac{p_s-p_e+h-\tau_e}{1-\xi_e} & (i=s)\\ \frac{p_s-p_e+h-\tau_e}{1-\xi_e}-\frac{p_e+\tau_e}{\xi_e} & (i=e)\end{cases} \tag{3.7}$$

证明：当 $1>\max(v_s,\ v_{se})=v_{se}>v_e>0$ 时，纯线下方式、纯线上方式均有消费者选择。即满足条件 C3.1：

$1>\frac{p_s-p_e+h-\tau_e}{1-\xi_e}>\frac{p_e+\tau_e}{\xi_e}>0$。

购物方式 i 的需求为：$q_s=\int_{v_{se}}^{1}\mathrm{d}v=1-v_{se}$，$q_e=\int_{v_e}^{v_{se}}\mathrm{d}v=v_{se}-v_e$。

可得当两种购物方式均有消费者选择时的需求函数为：

$$q_i=\begin{cases}1-v_{se} & (i=s)\\ v_{se}-v_e & (i=e)\end{cases} \tag{3.8}$$

即

$$q_i=\begin{cases}1-\frac{p_s-p_e+h-\tau_e}{1-\xi_e} & (i=s)\\ \frac{p_s-p_e+h-\tau_e}{1-\xi_e}-\frac{p_e+\tau_e}{\xi_e} & (i=e)\end{cases} \tag{3.9}$$

基于上述假设，不考虑相关成本，线上零售商、农民合作社和供应链的利润分别为：

$$\pi_o(p_e)=(p_e-w)q_e \tag{3.10}$$

$$\pi_f(p_s,\ w)=p_sq_s+wq_e \tag{3.11}$$

$$\pi(p_s,\ p_e)=p_sq_s+p_eq_e \tag{3.12}$$

（二）集中决策模型

在集中决策模式下，农民合作社与线上零售商以双渠道供应链总利润最大化为目标进行决策，其决策模型为：

$$\max_{p_s, p_e} \pi = p_s q_s + p_e q_e \tag{3.13}$$

命题 3.1 PYO 模式双渠道集中决策模式的最优决策为：

$$\begin{cases} \tilde{p}_s^* = \dfrac{1}{2}(1-h) \\ \tilde{p}_e^* = \dfrac{1}{2}(\xi_e - \tau_e) \end{cases} \tag{3.14}$$

证明： 由双渠道供应链利润函数式(3.12)知，$\pi(p_s, p_e)$关于(p_s, p_e)的海塞矩阵为：$\dfrac{\partial^2 \pi}{\partial^2(p_s, p_e)} = \begin{pmatrix} -\dfrac{2}{1-\xi_e} & \dfrac{2}{1-\xi_e} \\ \dfrac{2}{1-\xi_e} & -\dfrac{2}{(1-\xi_e)\xi_e} \end{pmatrix}$，其顺序主子式分别为：$-\dfrac{2}{1-\xi_e} < 0$、$\dfrac{4}{(1-\xi_e)\xi_e} > 0$，即海塞矩阵严格负定，故$\pi(p_s, p_e)$是$(p_s, p_e)$的严格可微凹函数。

由$\pi(p_s, p_e)$是(p_s, p_e)的严格可微凹函数，联立求解一阶条件：$\dfrac{\partial \pi}{\partial p_s} = \dfrac{\partial \pi}{\partial p_e} = 0$，可得到 PYO 模式双渠道供应链集中决策模式的最优决策为：

$$\begin{cases} \tilde{p}_s^* = \dfrac{1}{2}(1-h) \\ \tilde{p}_e^* = \dfrac{1}{2}(\xi_e - \tau_e) \end{cases} \tag{3.15}$$

将式（3.15）代入式（3.9）、式（3.12），可得 PYO 模式双渠道集中决策模式下最优决策时的需求及利润。

其中，相关参数需满足模型存在条件，仅讨论条件范围内的情形，下同。

消费者越偏好纯线上方式（ξ_e 值越大），线上售价越高；消费者等待成本越高（τ_e 值越大），线上售价越低；消费者出行成本越高（h 值越大），线下售价越低。这与现实非常吻合。进一步，$\tilde{p}_s^* - \tilde{p}_e^* = \frac{1}{2}(1 - h - \xi_e + \tau_e) > 0$，即线上售价低于线下售价。

此时，PYO 模式双渠道供应链集中决策模式下的纯线下需求、纯线上需求和供应链总需求分别为：

$$
\begin{cases}
\tilde{q}_s^* = \dfrac{1 - \xi_e - h + \tau_e}{2(1 - \xi_e)} \\
\tilde{q}_e^* = \dfrac{h\xi_e - \tau_e}{2(1 - \xi_e)\xi_e} \\
\tilde{q}^* = \dfrac{\xi_e - \tau_e}{2\xi_e}
\end{cases}
\tag{3.16}
$$

消费者越偏好纯线上方式，纯线下需求越小，纯线上需求越大，供应链总需求越大；消费者等待成本越高，纯线下需求越大，纯线上需求越小，供应链总需求越小；消费者出行成本越高，纯线下需求越小，纯线上需求越大。

此时，PYO 模式双渠道集中决策模式下的供应链总利润为：

$$
\tilde{\pi}^* = \frac{1}{4}\frac{(2h-1)\xi_e^2 + (1 + h^2 - 2(\tau_e + 1)h)\xi_e + \tau_e^2}{(1 - \xi_e)\xi_e} \tag{3.17}
$$

消费者越偏好纯线上方式，供应链总利润越大；消费者等待成本越高，供应链总利润越小；消费者出行成本越高，供应链总利润越小。

（三）分散决策模型

在分散决策模式下，农民合作社和线上零售商以自身利润最大化为目标进行序贯决策，假设农民合作社先决定线下售价和批发价，零售商再决定线上售价。PYO 模式双渠道分散决策模式下的 Stackelberg 博弈模型为双层规划模型，如下：

$$\begin{cases}\max\limits_{p_s,w}\pi_f = p_s q_s + w q_e \\ s.t.\ \max\limits_{p_e}\pi_o = (p_e - w) q_e\end{cases} \tag{3.18}$$

命题 3.2 PYO 模式双渠道供应链分散决策模式下的最优决策：

$$\begin{cases}\tilde{p}_s^{d*} = \dfrac{1}{2}(1-h) \\ \tilde{p}_e^{d*} = \dfrac{1}{4}(h+2)\xi_e - \dfrac{3}{4}\tau_e \\ \tilde{w}^{d*} = \dfrac{1}{2}(\xi_e - \tau_e)\end{cases} \tag{3.19}$$

证明： 由零售商利润函数式（3.10）知，因 $\dfrac{\partial^2 \pi_o}{\partial(p_e)^2} = -\dfrac{2}{1-\xi_e} - \dfrac{2}{\xi_e} < 0$，故 $\pi_o(p_e)$ 为严格可微凹函数。求解一阶条件：$\pi'_o(p_e) = 0$，有

$$\tilde{p}_e^d(p_s, w) = \frac{1}{2}(\xi_e h + \xi_e p_s + w - \tau_e) \tag{3.20}$$

将式(3.20)代入农民合作社利润函数式(3.11)，得到 $\pi_f(p_s, w, \tilde{p}_e^d(p_s, w))$。$\pi_f(p_s, w, \tilde{p}_e^d(p_s, w))$ 关于 (p_s, w) 的海塞矩阵为：

$$\frac{\partial^2 \pi_f}{\partial^2 (p_s,\ w)} = \begin{pmatrix} -\dfrac{2-\xi_e}{1-\xi_e} & \dfrac{1}{1-\xi_e} \\ \dfrac{1}{1-\xi_e} & -\dfrac{1}{(1-\xi_e)\xi_e} \end{pmatrix}$$，其一阶主子式：$-\dfrac{2-\xi_e}{1-\xi_e}<0$，二阶主子式：$\dfrac{2}{(1-\xi_e)\xi_e}>0$，即海塞矩阵严格负定，故$\pi_f(p_s,\ w,\ \tilde{p}_e^d(p_s,\ w))$是$(p_s,\ w)$的严格可微凹函数。

经计算，存在唯一最优值。联立求解式(3.10)和式(3.20)，可得到$(\tilde{p}_s^{d^*},\ \tilde{w}^{d^*})$，再将其代入式(3.20)，可得到 PYO 模式双渠道供应链分散决策模式下的最优决策：

$$\begin{cases} \tilde{p}_s^{d^*} = \dfrac{1}{2}(1-h) \\ \tilde{p}_e^{d^*} = \dfrac{1}{4}(h+2)\xi_e - \dfrac{3}{4}\tau_e \\ \tilde{w}^{d^*} = \dfrac{1}{2}(\xi_e - \tau_e) \end{cases} \tag{3.21}$$

将式（3.21）代入式（3.9）、式（3.10）、式（3.11）、式（3.12），可得 PYO 模式双渠道分散决策模式下最优决策时的需求及利润。

消费者越偏好纯线上方式，线上售价越高，批发价越高；消费者等待成本越高，线上售价越低，批发价越低；消费者出行成本越高，线下售价越低，线上售价越高。

此时，PYO 模式双渠道分散决策模式下的纯线下需求、纯线上需求和总需求分别为：

$$
\begin{cases}
\tilde{q}_s^{d*} = \dfrac{2-2h-2\xi_e+h\xi_e+\tau_e}{4(1-\xi_e)} \\
\tilde{q}_e^{d*} = \dfrac{h\xi_e-\tau_e}{4(1-\xi_e)\xi_e} \\
\tilde{q}^{d*} = \dfrac{2\xi_e-h\xi_e-\tau_e}{4\xi_e}
\end{cases}
\tag{3.22}
$$

消费者越偏好纯线上方式，纯线下需求越小，供应链总需求越大；消费者出行成本越高，纯线下需求越小，纯线上需求越大，供应链总需求越小；消费者等待成本越高，纯线下需求越大，纯线上需求越小，供应链总需求越小。

此时，PYO 模式双渠道分散决策模式下的线上零售商利润、农民合作社利润和供应链总利润分别为：

$$
\begin{cases}
\tilde{\pi}_o^{d*} = \dfrac{(h\xi_e-\tau_e)^2}{16(1-\xi_e)\xi_e} \\
\tilde{\pi}_f^{d*} = \dfrac{(4h-h^2-2)\xi_e^2+(2+2h^2-(2\tau_e+4)h)\xi_e+\tau_e^2}{8(1-\xi_e)\xi_e} \\
\tilde{\pi}^{d*} = \dfrac{(8h-h^2-4)\xi_e^2+(4+4h^2-(6\tau_e+8)h)\xi_e+3\tau_e^2}{16(1-\xi_e)\xi_e}
\end{cases}
\tag{3.23}
$$

消费者出行成本越高，线上零售商利润越大，农民合作社利润越小；消费者等待成本越高，线上零售商利润越小，农民合作社利润越小，供应链总利润越小。

（四）模型比较

由 $\tilde{p}_s^* = \tilde{p}_s^{d*}$、$\tilde{p}_e^* = \tilde{w}^{d*} < \tilde{p}_e^{d*}$ 知，在 PYO 模式双渠道供应链中，集中决策下的线下售价与分散决策下的线下售价相等；集中

决策下的线上售价低于分散决策下的线上售价，与分散决策下的批发价相等。

由 $\Delta\tilde{q}_s=\tilde{q}_s^*-\tilde{q}_s^{d*}<0$、$\Delta\tilde{q}_e=\tilde{q}_e^*-\tilde{q}_e^{d*}>0$ 且 $\tilde{q}_e^*=2\tilde{q}_e^{d*}$、$\tilde{q}^*>\tilde{q}^{d*}$ 知，在 PYO 模式双渠道供应链中，纯线下需求在分散决策下更大，纯线上需求在集中决策下更大，为分散决策下的两倍。集中决策下的供应链总需求大于分散决策下。

由 $\Delta\tilde{\pi}=\tilde{\pi}^*-\tilde{\pi}^{d*}=\dfrac{(h\xi_e-\tau_e)^2}{16(1-\xi_e)\xi_e}>0$ 知，在 PYO 模式双渠道供应链中，集中决策下供应链利润高于分散决策下供应链利润。

可见，与集中决策相比，分散决策下线下售价不变，线上售价升高，进而纯线上购物的消费者转向纯线下方式购物或不再购物，使得纯线上需求减少，供应链总需求减少。伴随需求的流失，供应链总利润减少，分散决策下存在双重边际效应。

三、实施双渠道的可行性

比较集中决策下 PYO 模式单渠道供应链与双渠道供应链的最优决策。

由 $\hat{p}_s^*=\tilde{p}_s^*$ 知，集中决策下，开通双渠道后，线下售价无变化。

由 $\hat{q}_s^*>\tilde{q}_s^*$ 知，开通双渠道后，线下需求相较单渠道时减少，由于线上售价低于线下售价，部分需求分流至线上渠道。

由 $\hat{q}_s^* < \tilde{q}^*$ 知，开通双渠道后，总需求较单渠道时增加，新的线上渠道将吸引更多消费者。

由 $\hat{\pi}_s^* < \tilde{\pi}^*$ 知，开通双渠道后，供应链利润较单渠道时增加。尽管线上售价低于线下售价，部分需求分流至线上渠道，但同时线上渠道吸引了更多额外需求，需求增加的幅度高于线上售价降低的幅度，从而总利润增加，高于单渠道时的利润。

比较分散决策下 PYO 模式单渠道供应链与双渠道供应链的最优决策。

由 $\hat{p}_s^* = \tilde{p}_s^{d*}$ 知，分散决策下，开通双渠道后，线下售价无变化。

由 $\hat{q}_s^* > \tilde{q}_s^{d*}$ 知，开通双渠道后，线下需求相较单渠道时减少，由于线上售价低于线下售价，部分需求分流至线上。

由 $\hat{q}_s^* < \tilde{q}^{d*}$ 知，开通双渠道后，总需求较单渠道时增加，新的线上渠道将吸引更多消费者。

由 $\hat{\pi}_f^* < \tilde{\pi}_f^{d*}$ 知，开通双渠道后，农民合作社利润较单渠道时增加。尽管线上售价低于线下售价，部分需求分流至线上渠道，但同时线上渠道吸引了更多额外需求，农民合作社则通过将产品批发给线上零售商获利，获得高于单渠道时的利润。

由 $\hat{\pi}_f^* < \tilde{\pi}^{d*}$ 知，开通双渠道后，供应链利润较单渠道时增加。尽管线上售价低于线下售价，部分需求分流至线上渠道，但同时线上渠道吸引了更多额外需求，使得总利润增加，高于单渠道时的利润。

因此无论是集中决策还是分散决策下，农民合作社都应开通线上渠道实施双渠道供应链，以获得更多的利润。

四、本章小结

基于消费者效用，对 PYO 模式单渠道农产品供应链和 PYO 模式双渠道农产品供应链分别构建模型，并分别对集中决策和分散决策下单渠道与双渠道的利润进行对比，讨论集中决策和分散决策下双渠道开通的条件。研究得到，集中决策下，PYO 模式双渠道农产品供应链利润高于 PYO 模式单渠道农产品供应链，应开通线上渠道；分散决策下，PYO 模式双渠道农产品供应链利润高于 PYO 模式单渠道农产品供应链，且农民合作社在 PYO 模式双渠道农产品供应链中的利润高于其在 PYO 模式单渠道农产品供应链中的利润，从供应链整体和农民合作社的角度来看都应开通线上渠道。

第四章

PYO 模式全渠道农产品供应链集中决策

随着 BOPS（线上下单线下取货）的流行，可供消费者选择的购买方式愈加丰富。作为全渠道最重要的一种形式，在农产品领域已有相关实践。消费者在网上购买农产品，然后前往农场取货。本章讨论集中式决策下，PYO 模式全渠道供应链可能出现的四种 BOPS 情形。逐一与实施 BOPS 前的集中式双渠道供应链进行对比，讨论集中决策下经营 PYO 农场的农民合作社与线上零售商合作开通全渠道的可实施性。

一、模型描述与假设

假定在第三章双渠道模式下，农民合作社和线上零售商进一步合作开通线上下单线下取货（BOPS）购物方式（$i=b$），进行供应链全渠道运作。消费者采用 BOPS 方式购物时，不能在购买前体验产品，但可立即取货，并对产品进行现场检测和退、换货。故假定消费者采用 BOPS 方式购买产品所获价值为 $\xi_b v$，满足：$0 \leqslant \xi_e < \xi_b < 1$。同时，消费者需承担前往实体店取货的交通费用和相应的麻烦成本，但与纯线下方式不同，其无须折返于不同商家寻找产品，记出行成本为 ϕh，其中 $0 < \phi < 1$。假定线上零售商仍然以批发价 w 从农民合作社处批发用于 BOPS 方式销售的产品，按线上售价 p_e 销售给 BOPS 客户。但此部分产品暂存在农民合作社处，委托农民合作社为其提供线下取货等服务。此时，消费者通过纯线下方式、BOPS 方式、纯线上方式购买产品时的效用为：

$$u_i = \begin{cases} v - p_s - h & (i = s) \\ \xi_b v - p_e - \phi h & (i = b) \\ \xi_e v - p_e - \tau_e & (i = e) \end{cases} \tag{4.1}$$

假定单个消费者只购买一件产品，但不同消费者的价值认同不同，设消费者群体对该产品价值 v 的判断服从[0，1]均匀分布。令 $u_i = 0(i = s, b, e)$，有 $v_s = p_s + h$，$v_b = \frac{1}{\xi_b}(p_e + \phi h)$，$v_e = \frac{1}{\xi_e}(p_e + \tau_e)$。令 $u_s = u_e$、$u_b = u_e$、$u_s = u_b$，得到消费者选择的无差异点：$v_{se} = \frac{1}{1 - \xi_e}((p_s - p_e) + (h - \tau_e))$、$v_{be} = \frac{1}{\xi_b - \xi_e}(\phi h - \tau_e)$、$v_{sb} = \frac{1}{1 - \xi_b}((p_s - p_e) + (1 - \phi)h)$。

消费者将基于效用最大化原则选择购买方式，共有如下三种情况：

(1) 当 $u_s \geqslant \max(0, u_b, u_e)$ 时，即 $v \in (\max(v_s, v_{sb}, v_{se}), 1)$，消费者将选择纯线下方式购物；

（2）当 $u_b \geqslant \max(0, u_s, u_e)$ 时，即 $v \in (\max(v_b, v_{be}), v_{sb})$，消费者将选择 BOPS 方式购物；

（3）当 $u_e \geqslant \max(0, u_s, u_b)$ 时，即 $v \in (v_e, \min(v_{se}, v_{be}))$，消费者将选择纯线上方式购物。

当消费者选择 BOPS 方式购物时，相应的情形可能有四种，情形一：纯线下、BOPS 及纯线上三种方式并存；情形二：纯线下及 BOPS 两种方式并存；情形三：BOPS、纯线上两种方式并存；情形四：仅存 BOPS 一种方式。四种情形下各购物方式组合对应不同的需求 q_i。

全渠道供应链中，农民合作社负责生产、线下销售、服务和供货，线上零售商负责线上销售与配送。为激励农民合作社承担 BOPS 方式的线下配货与退换货服务，线上零售商给其单位补偿 $\kappa > 0$。考虑 BOPS 客户在实体店取货时可能产生的额外消费，记因 BOPS 方式给实体店带来的额外收益为 $\Omega \geqslant 0$。下面将分别讨论在集中式决策时四种 BOPS 情形下的价格、需求、利润等最优决策。

二、PYO模式全渠道供应链模型

（一）情形一：BOPS、纯线下与纯线上

当 $1 > \max(v_s, v_{sb}, v_{se}) = v_{sb} > v_{be} = \max(v_b, v_{be}) = \min(v_{se}, v_{be}) > v_e > 0$ 时，纯线下方式、BOPS 方式及纯线上方式均有消费者选择。

条件 C4.1　满足：$1>\frac{p_s-p_e+h-\phi h}{1-\xi_b}>\frac{\phi h-\tau_e}{\xi_b-\xi_e}>\frac{p_e+\tau_e}{\xi_e}>0$。

进一步，购物方式 i 的需求为：$q_s=\int_{v_{sb}}^{1}\mathrm{d}v=1-v_{sb}$，$q_b=\int_{v_{be}}^{v_{sb}}\mathrm{d}v=v_{sb}-v_{be}$，$q_e=\int_{v_e}^{v_{be}}\mathrm{d}v=v_{be}-v_e$。此时需求函数为：

$$q_i=\begin{cases}1-v_{sb} & (i=s)\\ v_{sb}-v_{be} & (i=b)\\ v_{be}-v_e & (i=e)\end{cases}\tag{4.2}$$

即在条件 C4.1 下，三种购物方式均有需求，且纯线下需求、BOPS 需求、纯线上需求分别为：

$$q_i=\begin{cases}1-\dfrac{p_s-p_e+h-\phi h}{1-\xi_b} & (i=s)\\[2ex] \dfrac{p_s-p_e+h-\phi h}{1-\xi_b}-\dfrac{\phi h-\tau_e}{\xi_b-\xi_e} & (i=b)\\[2ex] \dfrac{\phi h-\tau_e}{\xi_b-\xi_e}-\dfrac{p_e+\tau_e}{\xi_e} & (i=e)\end{cases}\tag{4.3}$$

基于上述假设与讨论，供应链的利润为：

$$\pi(p_s,\ p_e)=p_sq_s+p_e(q_b+q_e)+\Omega\tag{4.4}$$

在集中决策模式下，农民合作社与线上零售商以全渠道供应链总利润最大化为目标进行决策，其决策模型为：

$$\max_{p_s,p_e}\pi=p_sq_s+p_e(q_b+q_e)+\Omega\tag{4.5}$$

命题 4.1　BOPS 情形一集中决策模式的最优决策为：

$$\begin{cases}p_s^*=\dfrac{1}{2}(1+h\phi-h-\tau_e-\xi_b+\xi_e)\\[2ex] p_e^*=\dfrac{1}{2}(\xi_e-\tau_e)\end{cases}\tag{4.6}$$

证明： 由 BOPS 情形一下供应链利润函数式（4.4）知，$\pi(p_s, p_e)$ 关于 (p_s, p_e) 的海塞矩阵为：$\frac{\partial^2 \pi}{\partial^2(p_s, p_e)} = \begin{pmatrix} -\frac{2}{1-\xi_b} & \frac{2}{1-\xi_b} \\ \frac{2}{1-\xi_b} & -\frac{2(1-\xi_b+\xi_e)}{(1-\xi_b)\xi_e} \end{pmatrix}$，其顺序主子式分别为：$-\frac{2}{1-\xi_b} < 0$、$\frac{4}{(1-\xi_b)\xi_e} > 0$，即海塞矩阵严格负定，故$\pi(p_s, p_e)$是$(p_s, p_e)$的严格可微凹函数。

由$\pi(p_s, p_e)$是(p_s, p_e)的严格可微凹函数，联立求解一阶条件：$\frac{\partial \pi}{\partial p_s} = \frac{\partial \pi}{\partial p_e} = 0$，可得到 BOPS 情形一集中决策模式下价格的最优决策。将其代入式（4.3）、式（4.4）可得 BOPS 情形一集中决策模式下最优决策时的需求及利润。

消费者越偏好纯线上方式，线下售价越高，线上售价越高；消费者越偏好 BOPS 方式（ξ_b 值越大），线下售价越低；消费者等待成本越高，线下售价越低，线上售价越低；消费者出行成本越高，线下售价越低；BOPS 出行成本相对系数越大（ϕ 值越大），线下售价越高。且线上售价低于线下售价。

BOPS 情形一集中决策模式下的纯线下需求、BOPS 需求、纯线上需求和供应链总需求分别为：

$$\begin{cases} q_s^* = \dfrac{1+\phi h-h-\xi_b}{2(1-\xi_b)} \\ q_b^* = \dfrac{1-\phi h+h-\xi_b}{2(1-\xi_b)} - \dfrac{\phi h-\tau_e}{\xi_b-\xi_e} \\ q_e^* = \dfrac{\phi h-\tau_e}{\xi_b-\xi_e} - \dfrac{\xi_e+\tau_e}{2\xi_e} \\ q^* = \dfrac{\xi_e-\tau_e}{2\xi_e} \end{cases} \tag{4.7}$$

消费者越偏好纯线上方式，BOPS 需求越小，供应链总需求越大；消费者越偏好 BOPS 方式，纯线下需求越小，纯线上需求越小；消费者出行成本越高，纯线下需求越小，纯线上需求越大；消费者等待成本越高，BOPS 需求越大，纯线上需求越小，供应链总需求越小；BOPS 出行成本相对系数越大，纯线下需求越大，BOPS 需求越小，纯线上需求越大。

BOPS 情形一集中决策模式下的供应链总利润为：

$$\pi^* = \frac{1}{4}\left(\xi_e + \frac{\tau_e^2}{\xi_e} - \frac{2(1-h+\phi h-\tau_e)\xi_b-(1-\phi)^2h^2-2(1-\phi)h+2\tau_e-1-\xi_b^2}{1-\xi_b}\right)+\Omega \tag{4.8}$$

消费者越偏好纯线上方式，供应链总利润越大；消费者等待成本越高，供应链总利润越小；消费者出行成本越高，供应链总利润越小；BOPS 出行成本相对系数越大，供应链总利润越大；BOPS 客户额外消费衍生利润越大，供应链总利润越大。

（二）情形二：BOPS 与纯线下

当 $1>v_{sb}$ 且 $v_s>v_b$ 且 $v_e>v_b$ 时，纯线下与 BOPS 购物方式均有消费者选择。

条件 C4.2 满足：$1 > \frac{p_s - p_e + h - \phi h}{1 - \xi_b}$且 $p_s + h > \frac{1}{\xi_b}(p_e + \phi h)$且$\frac{1}{\xi_e}(p_e + \tau_e) > \frac{1}{\xi_b}(p_e + \phi h)$。

进一步，购物方式 i 的需求为：$q_s = \int_{v_{sb}}^{1} \mathrm{d}v = 1 - v_{sb}, q_b = \int_{v_b}^{v_{sb}} \mathrm{d}v = v_{sb} - v_b$。此时需求函数为：

$$q_i = \begin{cases} 1 - v_{sb} & (i = s) \\ v_{sb} - v_b & (i = b) \end{cases} \tag{4.9}$$

即在条件 C4.2 下，纯线下与 BOPS 两种购物方式均有需求，且纯线下需求、BOPS 需求为：

$$q_i = \begin{cases} 1 - \dfrac{p_s - p_e + h - \phi h}{1 - \xi_b} & (i = s) \\ \dfrac{p_s - p_e + h - \phi h}{1 - \xi_b} - \dfrac{1}{\xi_b}(p_e + \phi h) & (i = b) \end{cases} \tag{4.10}$$

基于上述假设与讨论，供应链的利润为：

$$\pi(p_s, p_e) = p_s q_s + p_e q_b + \Omega \tag{4.11}$$

在集中决策模式下，农民合作社与线上零售商以全渠道供应链总利润最大化为目标进行决策，其决策模型为：

$$\max_{p_s, p_e} \pi = p_s q_s + p_e q_b + \Omega \tag{4.12}$$

命题 4.2 BOPS 情形二集中决策模式的最优决策为：

$$\begin{cases} p_s^* = \dfrac{1}{2}(1 - h) \\ p_e^* = \dfrac{1}{2}(\xi_b - \phi h) \end{cases} \tag{4.13}$$

证明： 由 BOPS 情形二下供应链利润函数式（4.11）知，

$\pi(p_s, p_e)$ 关于（p_s, p_e）的海塞矩阵为：$\frac{\partial^2 \pi}{\partial^2(p_s, p_e)} = \begin{pmatrix} -\frac{2}{1-\xi_b} & \frac{2}{1-\xi_b} \\ \frac{2}{1-\xi_b} & -\frac{2}{(1-\xi_b)\xi_b} \end{pmatrix}$，其顺序主子式分别为：$-\frac{2}{1-\xi_b}<0$、$\frac{4}{(1-\xi_b)\xi_b}>0$，即海塞矩阵严格负定，故$\pi(p_s, p_e)$是$(p_s, p_e)$的严格可微凹函数。

由$\pi(p_s, p_e)$是(p_s, p_e)的严格可微凹函数联立求解一阶条件：$\frac{\partial \pi}{\partial p_s}=\frac{\partial \pi}{\partial p_e}=0$，可得到 BOPS 情形二集中决策模式下价格的最优决策。将其代入式（4.10）、式（4.11）可得 BOPS 情形二集中决策模式下最优决策时的需求及利润。

消费者越偏好 BOPS 方式，线上售价越高；消费者出行成本越高，线下售价越低，线上售价越低；BOPS 出行成本相对系数越大，线上售价越低。且线上售价低于线下售价。

此时，BOPS 情形二集中决策模式下纯线下需求、BOPS 需求和供应链总需求分别为：

$$\begin{cases} q_s^* = \frac{1+h\phi-h-\xi_b}{2(1-\xi_b)} \\ q_b^* = \frac{(\xi_b-\phi)h}{2(1-\xi_b)\xi_b} \\ q^* = \frac{\xi_b-\phi h}{2\xi_b} \end{cases} \tag{4.14}$$

消费者越偏好 BOPS 方式，纯线下需求越小，供应链总需求越大；消费者出行成本越高，纯线下需求越小，BOPS 需求越大，供应链总需求越小；BOPS 出行成本相对系数越大，纯线下需求越大，BOPS 需求越小，供应链总需求越小。

此时，实施 BOPS 的全渠道集中决策模式下的供应链总利润为：

$$\pi^* = \frac{1}{4}\left(\frac{(2h-1)\xi_b^2 + (1-2\phi h^2 + h^2 - 2h)\xi_b + \phi^2 h^2}{(1-\xi_b)\xi_b}\right) + \Omega \tag{4.15}$$

BOPS 出行成本相对系数越大，供应链总利润越小；BOPS 客户额外消费衍生利润越大，供应链总利润越大。

（三）情形三：BOPS 与纯线上

当 $v_{sb} > 1 > v_{be}$ 且 $v_s > v_b > v_e$ 时，BOPS 与纯线上购物方式均有消费者选择。

条件 C4.3 满足：$\frac{p_s - p_e + h - \phi h}{1-\xi_b} > 1 > \frac{\phi h - \tau_e}{\xi_b - \xi_e}$ 且 $p_s + h > \frac{1}{\xi_b}(p_e + \phi h) > \frac{1}{\xi_e}(p_e + \tau_e)$。

进一步，购物方式 i 的需求为：$q_b = \int_{v_{be}}^{1} \mathrm{d}v = 1 - v_{be}$，$q_e = \int_{v_e}^{v_{be}} \mathrm{d}v = v_{be} - v_e$。此时需求函数为：

$$q_i = \begin{cases} 1 - v_{be} & (i=b) \\ v_{be} - v_e & (i=e) \end{cases} \tag{4.16}$$

即在条件 C4.3 下，BOPS 与纯线上两种购物方式均有需求，且 BOPS 需求、纯线上需求为：

$$q_i = \begin{cases} 1 - \frac{\phi h - \tau_e}{\xi_b - \xi_e} & (i=b) \\ \frac{\phi h - \tau_e}{\xi_b - \xi_e} - \frac{1}{\xi_e}(p_e + \tau_e) & (i=e) \end{cases} \tag{4.17}$$

基于上述假设，供应链的利润为：

$$\pi(p_e)=p_eq_b+p_eq_e \tag{4.18}$$

在集中决策模式下，农民合作社与线上零售商以全渠道供应链总利润最大化为目标进行决策，其决策模型为：

$$\max_{p_e}\pi=p_eq_b+p_eq_e \tag{4.19}$$

命题4.3 BOPS情形三集中决策模式的最优决策为：

$$p_e^*=\frac{1}{2}(\xi_e-\tau_e) \tag{4.20}$$

证明： 由BOPS情形三下供应链利润函数式（4.18）知，因 $\frac{\partial^2\pi}{\partial(p_e)^2}=-\frac{2}{\xi_e}<0$，故 $\pi(p_e)$ 为严格可微凹函数。求解一阶条件：$\pi'(p_e)=0$，得BOPS情形三集中决策模式下价格的最优决策。将其代入式（4.17）、式（4.18），可得BOPS情形三集中决策模式下最优决策时的需求及利润。

消费者越偏好纯线上方式，线上售价越高；消费者等待成本越高，线上售价越低。

此时，BOPS情形三集中决策模式下的BOPS需求、纯线上需求和供应链总需求分别为：

$$\begin{cases}q_b^*=\dfrac{\tau_e-\phi h+\xi_b-\xi_e}{\xi_b-\xi_e}\\[2ex] q_e^*=\dfrac{\phi h-\tau_e}{\xi_b-\xi_e}-\dfrac{\xi_e+\tau_e}{2\xi_e}\\[2ex] q^*=\dfrac{\xi_e-\tau_e}{2\xi_e}\end{cases} \tag{4.21}$$

消费者越偏好纯线上方式，BOPS需求越小，纯线上需求越大，供应链总需求越大；消费者越偏好BOPS方式，BOPS需求越大，纯线上需求越小；消费者出行成本越高，BOPS 需求越小，纯线上需求越大；消费者等待成本越高，BOPS 需求越大，纯线上需求越小，供应链总需求越小；BOPS 出行成本相对系数越大，BOPS 需求越小，纯线上需求越大。

此时，BOPS 情形三集中决策模式下的供应链总利润为：

$$\pi^* = \frac{(\xi_e - \tau_e)^2}{4\xi_e} \tag{4.22}$$

消费者越偏好纯线上方式，供应链总利润越大；消费者等待成本越高，供应链总利润越小。

（四）情形四：仅 BOPS

当 $1 > v_s > v_b$ 且 $1 > v_e > v_b$ 且 $v_{sb} > 1$ 时，仅 BOPS 方式有消费者选择。

条件 C4.4 满足：$\frac{p_s - p_e + h - \phi h}{1 - \xi_b} > 1$ 且 $1 > p_s + h > \frac{1}{\xi_b}(p_e + \phi h)$ 且 $1 > \frac{1}{\xi_e}(p_e + \tau_e) > \frac{1}{\xi_b}(p_e + \phi h)$。

进一步，购物方式 i 的需求为：$q_b = \int_{v_b}^{1} \mathrm{d}v = 1 - v_b$。此时需求函数为：

$$q_b = 1 - v_b \tag{4.23}$$

即在条件 C4.4 下，仅有 BOPS 方式存在需求，且 BOPS 需求为：

$$q_b = 1 - \frac{p_e + \phi h}{\xi_b} \tag{4.24}$$

基于上述假设与讨论，供应链的利润为：

$$\pi(p_e) = p_e q_b \tag{4.25}$$

在集中决策模式下，农民合作社与线上零售商以全渠道供应链总利润最大化为目标进行决策，其决策模型为：

$$\max_{p_e} \pi = p_e q_b \tag{4.26}$$

命题 4.4 BOPS 情形四集中决策模式的最优决策为：

$$p_e^* = \frac{1}{2}(\xi_b - \phi h) \tag{4.27}$$

证明：由 BOPS 情形四下供应链利润函数式（4.25）知，因 $\frac{\partial^2 \pi}{\partial (p_e)^2} = -\frac{2}{\xi_b} < 0$，故 $\pi(p_e)$ 为严格可微凹函数。求解一阶条件：$\pi'(p_e) = 0$，得 BOPS 情形四集中决策模式下价格的最优决策。将其代入式（4.24）、式（4.25），可得 BOPS 情形四集中决策模式下最优决策时的需求及利润。

消费者越偏好 BOPS 方式，线上售价越高；消费者出行成本越高，线上售价越低；BOPS 出行成本相对系数越大，线上售价越低。

此时，BOPS 情形四集中决策模式下的 BOPS 需求为：

$$q_b^* = \frac{\xi_b - \phi h}{2\xi_b} \tag{4.28}$$

消费者越偏好 BOPS 方式，BOPS 需求越大；消费者出行成本越高，BOPS 需求越小；BOPS 出行成本相对系数越大，BOPS 需求越小。

此时，BOPS 情形四集中决策模式下的供应链总利润为：

$$\pi^* = \frac{(\xi_b - \phi h)^2}{4\xi_b} \tag{4.29}$$

消费者越偏好 BOPS 方式，供应链总利润越大；消费者出行成本越高，供应链总利润越小；BOPS 出行成本相对系数越大，供应链总利润越小。

三、集中决策下实施BOPS的可行性

当 $1 > \frac{p_s - p_e + h - \phi h}{1 - \xi_b} > \frac{\phi h - \tau_e}{\xi_b - \xi_e} > \frac{p_e + \tau_e}{\xi_e} > 0$ 时，出现 BOPS 情形一，即 BOPS、纯线下与纯线上三种购物方式并存；当 $1 > \frac{p_s - p_e + h - \phi h}{1 - \xi_b}$ 且 $p_s + h > \frac{1}{\xi_b}(p_e + \phi h)$ 且 $\frac{1}{\xi_e}(p_e + \tau_e) > \frac{1}{\xi_b}(p_e + \phi h)$ 时，出现 BOPS 情形二，即 BOPS 与纯线下方式并存；当 $\frac{p_s - p_e + h - \phi h}{1 - \xi_b} > 1 > \frac{\phi h - \tau_e}{\xi_b - \xi_e}$ 且 $p_s + h > \frac{1}{\xi_b}(p_e + \phi h) > \frac{1}{\xi_e}(p_e + \tau_e)$ 时，出现 BOPS 情形三，即 BOPS 与纯线上方式并存；当 $\frac{p_s - p_e + h - \phi h}{1 - \xi_b} > 1$ 且 $1 > p_s + h > \frac{1}{\xi_b}(p_e + \phi h)$ 且 $1 > \frac{1}{\xi_e}(p_e + \tau_e) > \frac{1}{\xi_b}(p_e + \phi h)$ 时，出现 BOPS 情形四，即仅存 BOPS 方式。对于供应链整体而言，BOPS 情形二与 BOPS 情形三中只有两种购物方式，BOPS 情形四中仅有一种购物方式。

比较集中决策下 PYO 模式双渠道供应链与 BOPS 情形一的最优决策。

由 $\tilde{p}_e^* = p_e^*$ 知，集中决策下，增加 BOPS 方式后，线上售价无变化。

由 $\tilde{q}^* = q^*$ 知，增加 BOPS 方式后，不考虑 BOPS 客户额外消费时，供应链总需求未发生变化。考虑 BOPS 客户额外消费时，

全渠道供应链总需求增加 $\Delta d=\dfrac{\Omega}{p_s^*}$。

命题 4.5　阈值 $\Omega_{Z1}\leqslant 0$ 时，集中决策下 BOPS 情形一的全渠道供应链总利润高于或等于 PYO 模式双渠道供应链总利润；阈值 $\Omega_{Z1}>0$ 时，当且仅当 $\Omega>\Omega_{Z1}$ 时，集中决策下 BOPS 情形一的全渠道供应链总利润高于 PYO 模式双渠道供应链总利润。

证明： 令集中决策下未实施 BOPS 的双渠道供应链利润等于 BOPS 情形一下的全渠道供应链利润，即 $\tilde{\pi}^*=\pi^*-\Omega+\Omega_{Z1}$，可得：

$$\Omega_{Z1}=\frac{1}{4(1-\xi_b)(1-\xi_e)}(h^2\phi^2\xi_e-h^2\phi^2-2h^2\phi\xi_e-2h\phi\xi_b\xi_e+2h^2\phi-h^2\xi_b+h^2\xi_e+2h\phi\xi_b+2h\phi\xi_e+2h\tau_e\xi_b-\tau_e^2\xi_b+2\tau_e\xi_b\xi_e+\xi_b^2\xi_e-\xi_b\xi_e^2-2h\phi-2h\tau_e+\tau_e^2-2\tau_e\xi_b-2\tau_e\xi_e-\xi_b^2+\xi_e^2+2\tau_e+\xi_b-\xi_e) \tag{4.30}$$

由此，易得命题 4.5。

在情形一中，当阈值 $\Omega_{Z1}\leqslant 0$ 时，说明不考虑消费者额外消费时，实施 BOPS 方式使得供应链总利润增加或不变，此时，无论消费者额外消费情况如何，BOPS 方式均具备可实施性。而当阈值 $\Omega_{Z1}>0$ 时，说明不考虑消费者额外消费时，实施 BOPS 方式使得供应链总利润降低，此时，若消费者额外消费带来的利润足够高，BOPS 方式才具备可实施性。

比较集中决策下 PYO 模式双渠道供应链与 BOPS 情形二的最优决策。

由 $\tilde{p}_s^*=p_s^*$ 知，集中决策下，增加 BOPS 方式后，线下售价无变化。

命题 4.6　阈值 $\Omega_{Z2}\leqslant 0$ 时，集中决策下 BOPS 情形二的全渠道供应链总利润高于或等于 PYO 模式双渠道供应链总利润；阈

值 $\Omega_{Z2}>0$ 时，当且仅当 $\Omega>\Omega_{Z2}$时，集中决策下 BOPS 情形二的全渠道供应链总利润高于 PYO 模式双渠道供应链总利润。

在情形二中，当阈值 $\Omega_{Z2}\leqslant 0$ 时，说明不考虑消费者额外消费时，实施 BOPS 方式使得供应链总利润增加或不变，此时，无论消费者额外消费情况如何，BOPS 方式均具备可实施性。而当阈值 $\Omega_{Z2}>0$ 时，说明不考虑消费者额外消费时，实施 BOPS 方式使得供应链总利润降低，此时，若消费者额外消费带来的利润足够高，BOPS 方式才具备可实施性。

比较集中决策下 PYO 模式双渠道供应链与 BOPS 情形三的最优决策。

由 $\tilde{p}_e^*=p_e^*$ 知，集中决策下，增加 BOPS 方式后，线上售价无变化。

由 $\tilde{q}^*=q^*$知，增加 BOPS 方式后，供应链总需求未发生变化。且此时消费者不选择纯线下购物方式，因此没有 BOPS 客户额外消费。

由 $\Delta\pi=\tilde{\pi}^*-\pi^*=\dfrac{(1-\xi_e-h+\tau_e)^2}{4(1-\xi_e)}>0$ 知，实施 BOPS 后，供应链利润减少。在情形三中，将不实施 BOPS。

在 BOPS 情形四中，情况较为繁杂，后续将进行数值试验进行讨论。

四、数值试验

下面对集中决策模式下 BOPS 实施前后的供应链最优决策、

需求及利润进行数值分析。结合模型假设与相应的约束条件，取模型参数 $\xi_b=0.9$、$\xi_e=0.5$、$h=0.35$、$\phi=0.8$、$\tau_e=0.02$、$\kappa=0.05$、$\Omega=0.002$，可得到表 4.1。

表 4.1 BOPS 实施前后集中决策模式下的最优决策

决策模式	集中决策				
	未实施 BOPS 双渠道	BOPS 情形一	BOPS 情形二	BOPS 情形三（$\phi=0.95$）	BOPS 情形四
线下售价 p_s	0.3250	0.2550	0.3250	—	—
线上售价 p_e	0.2400	0.2400	0.3100	0.2400	0.3100
纯线下需求 q_s	0.1700	0.1500	0.1500	—	—
BOPS 需求 q_b	—	0.2000	0.1944	0.2188	0.3444
纯线上需求 q_e	0.3100	0.1300	—	0.2612	—
总需求 q	0.4800	0.4800	0.3444	0.4800	0.3444
供应链利润π	0.1296500	0.1194500	0.1110278	0.1152000	0.1067778

从表 4.1 可知，BOPS 客户额外消费衍生利润 $\Omega=0.002$ 时，集中决策下 PYO 模式双渠道供应链总利润高于实施 BOPS 的 PYO 模式全渠道供应链，即 BOPS、纯线下与纯线上并存，BOPS 与纯线下并存，BOPS 与纯线上并存，仅 BOPS 四种情形下的供应链总利润均低于 PYO 模式双渠道供应链总利润。同时，BOPS 情形一的供应链总利润高于其余三种 BOPS 情形。下面进一步对集中决策下实施 BOPS 前后的供应链总利润进行算例分析。

（一）情形一：BOPS、纯线下与纯线上

将 BOPS、纯线下与纯线上并存时的 PYO 模式全渠道供应链总利润和 PYO 模式双渠道供应链总利润进行比较，各参数在该情形下的约束条件范围内取值。

由图 4.1 可知，集中决策下双渠道供应链总利润与消费者对 BOPS 的偏好程度 ξ_b、BOPS 客户额外消费衍生利润 Ω 无关，BOPS 情形一全渠道供应链总利润随消费者对 BOPS 的偏好程度 ξ_b 增加而递减，随 BOPS 客户额外消费衍生利润 Ω 增加而增加。当 BOPS 客户额外消费衍生利润大到一定程度时，全渠道总利润将高于双渠道总利润，此时可实施 BOPS；当 BOPS 客户额外消费衍生利润一定时，消费者对 BOPS 的偏好程度越小，越适合实施 BOPS。

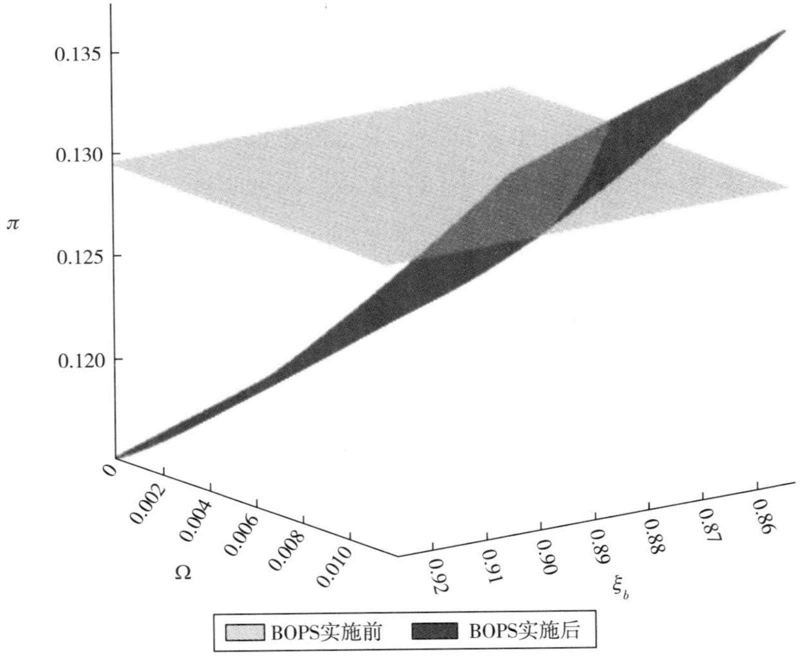

图 4.1　ξ_b 及 Ω 对集中决策下供应链总利润的影响

由图 4.2 可知，集中决策下双渠道供应链总利润和 BOPS 情形一全渠道供应链总利润均随消费者对纯线上的偏好程度 ξ_e 增加而增加，且在全渠道供应链中增加速度更快。当 BOPS 客户额外消费衍生利润一定时，消费者对纯线上的偏好程度 ξ_e 越大，越适合实施 BOPS。

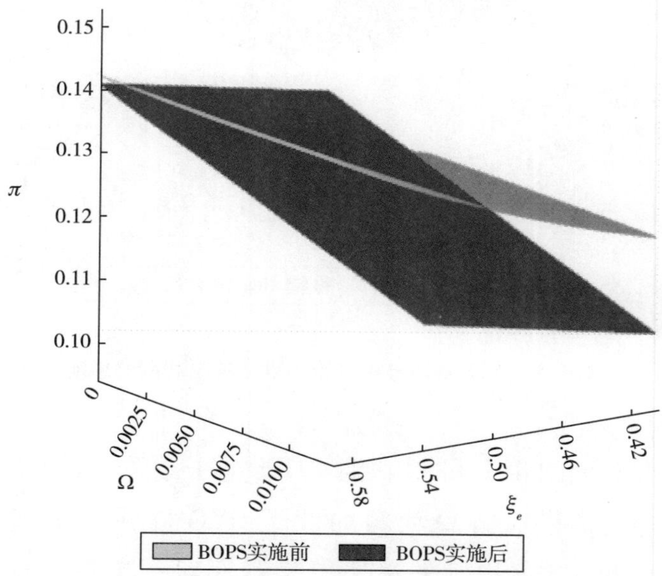

图 4.2　ξ_e 及 Ω 对集中决策下供应链总利润的影响

由图 4.3 可知，集中决策下双渠道供应链总利润与 BOPS 出行成本相对系数 ϕ 无关，BOPS 情形一全渠道供应链总利润随 BOPS 出行成本相对系数 ϕ 增加而增加。当 BOPS 客户额外消费衍生利润一定时，BOPS 出行成本相对系数越大，越适合实施 BOPS。

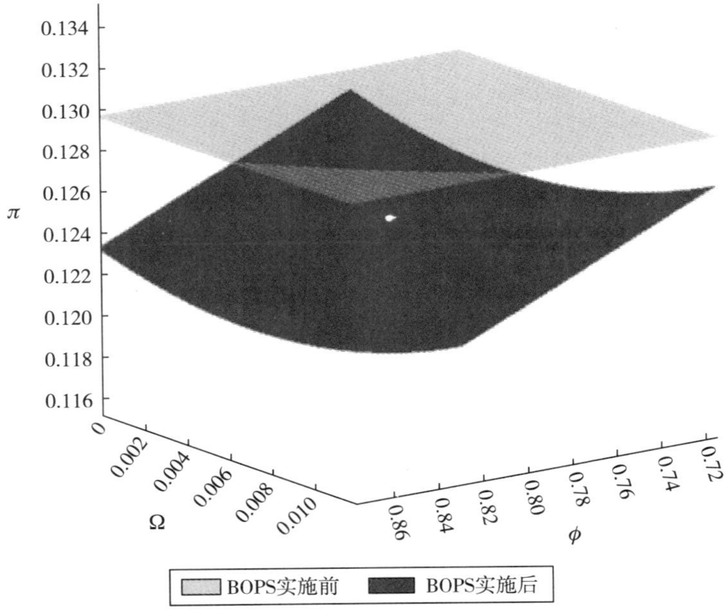

图 4.3　ϕ 及 Ω 对集中决策下供应链总利润的影响

从图 4.1 至图 4.3 可得，当 BOPS 客户额外消费衍生利润 Ω 为零时，全渠道供应链总利润均低于 PYO 模式双渠道供应链总利润。因此 BOPS 客户额外消费衍生利润对于情形一而言，较为关键。

（二）情形二：BOPS 与纯线下

将 BOPS 与纯线下并存时的 PYO 模式全渠道供应链总利润和 PYO 模式双渠道供应链总利润进行比较。

由图 4.4 可知，集中决策下双渠道供应链总利润与消费者对 BOPS 的偏好程度 ξ_b、BOPS 客户额外消费衍生利润 Ω 无关，BOPS 情形二全渠道供应链总利润随消费者对 BOPS 的偏好程度 ξ_b

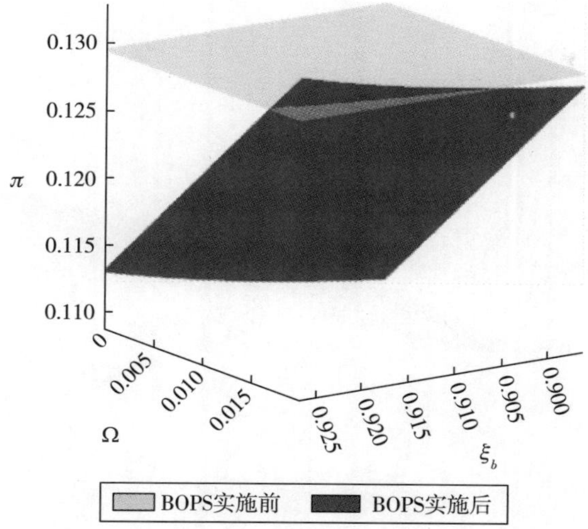

图 4.4　ξ_b 及 Ω 对集中决策下供应链总利润的影响

增加而增加，随 BOPS 客户额外消费衍生利润 Ω 增加而增加。当 BOPS 客户额外消费衍生利润大到一定程度时，全渠道总利润将高于双渠道总利润，此时可实施 BOPS；当 BOPS 客户额外消费衍生利润一定时，消费者对 BOPS 的偏好程度越大，越适合实施 BOPS。

由图 4.5 可知，集中决策下双渠道供应链总利润随消费者对纯线上的偏好程度 ξ_e 增加而增加，BOPS 情形二全渠道供应链总利润与消费者对纯线上的偏好程度 ξ_e 无关。当 BOPS 客户额外消费衍生利润一定时，消费者对纯线上的偏好程度 ξ_e 越小，越适合实施 BOPS。

由图 4.6 可知，集中决策下双渠道供应链总利润与 BOPS 出行成本相对系数 ϕ 无关，BOPS 情形二全渠道供应链总利润随 BOPS 出行成本相对系数 ϕ 增加而减少。当 BOPS 客户额外消费衍生利润一定时，BOPS 出行成本相对系数越小，越适合实施 BOPS。

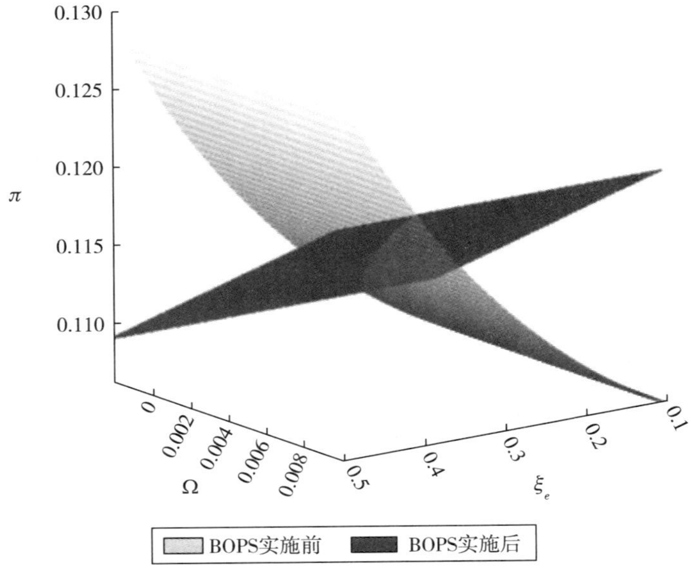

图 4.5　ξ_e 及 Ω 对集中决策下供应链总利润的影响

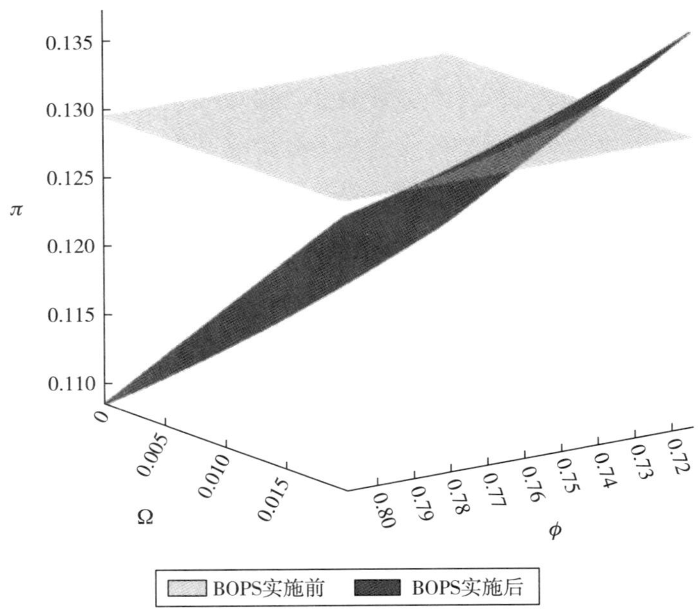

图 4.6　ϕ 及 Ω 对集中决策下供应链总利润的影响

从图 4.5 可得，即便 BOPS 客户额外消费衍生利润 Ω 为零时，当消费者对纯线上的偏好程度 ξ_e 较小时，全渠道供应链总利润均高于 PYO 模式双渠道供应链总利润。因此，当消费者对纯线上的偏好程度较小时，更适合情形二下 BOPS 的实施。

（三）情形三：BOPS 与纯线上

将 BOPS 与纯线上并存时的 PYO 模式全渠道供应链总利润和 PYO 模式双渠道供应链总利润进行比较。

由图 4.7 可知，集中决策下双渠道与 BOPS 情形三全渠道供应链总利润均与消费者对 BOPS 的偏好程度 ξ_b、BOPS 客户额外消费衍生利润 Ω 无关。全渠道总利润低于双渠道总利润，此时，将不实施 BOPS。

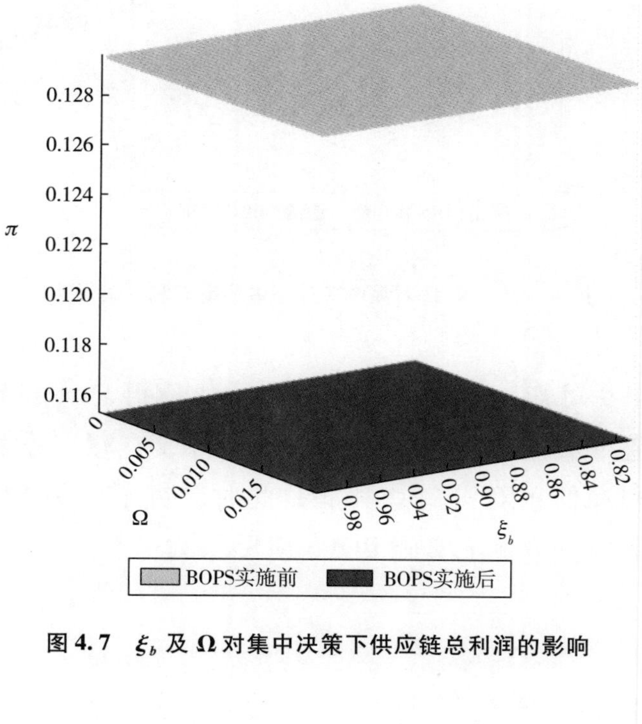

图 4.7　ξ_b 及 Ω 对集中决策下供应链总利润的影响

由图 4.8 可知，集中决策下双渠道供应链与 BOPS 情形三全渠道供应链总利润均随消费者对纯线上的偏好程度 ξ_e 增加而增加，且在全渠道供应链中增加速度更快。全渠道总利润低于双渠道总利润，此时，将不实施 BOPS。

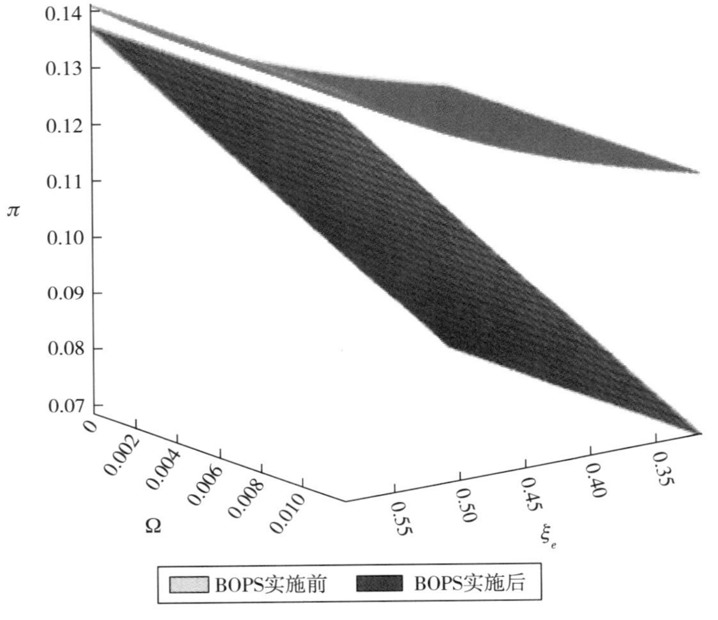

图 4.8　ξ_e 及 Ω 对集中决策下供应链总利润的影响

由图 4.9 可知，集中决策下双渠道供应链总利润和 BOPS 情形三全渠道供应链总利润均与 BOPS 出行成本相对系数 ϕ 无关。全渠道总利润低于双渠道总利润，此时，将不实施 BOPS。证实了前文中集中决策下不实施 BOPS 情形三的观点。

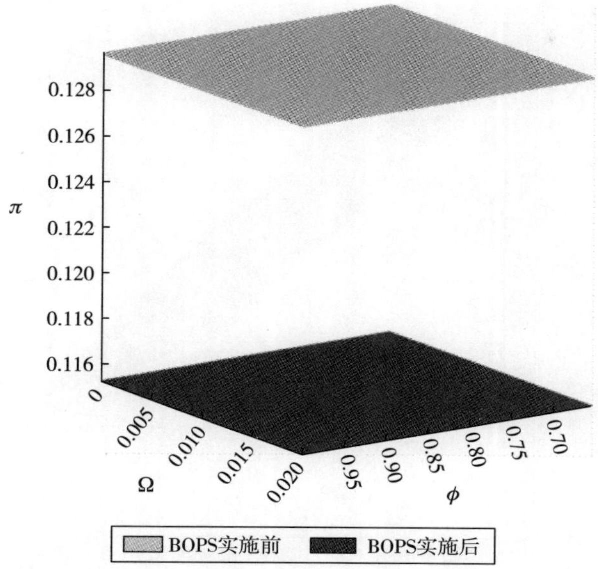

图 4.9　ϕ 及 Ω 对集中决策下供应链总利润的影响

（四）情形四：仅 BOPS

将仅存 BOPS 时的 PYO 模式全渠道供应链总利润和 PYO 模式双渠道供应链总利润进行比较。

由图 4.10 可知，集中决策下双渠道供应链总利润与消费者对 BOPS 的偏好程度 ξ_b、BOPS 客户额外消费衍生利润 Ω 无关，BOPS 情形四全渠道供应链总利润随消费者对 BOPS 的偏好程度 ξ_b 增加而增加，与 BOPS 客户额外消费衍生利润 Ω 无关。全渠道总利润低于双渠道总利润，此时，将不实施 BOPS。

由图 4.11 可知，集中决策下双渠道供应链总利润随消费者对纯线上的偏好程度 ξ_e 增加而增加，BOPS 情形四全渠道供应链总利润与纯线上的偏好程度 ξ_e 无关。全渠道总利润低于双渠道总利润，此时，将不实施 BOPS。

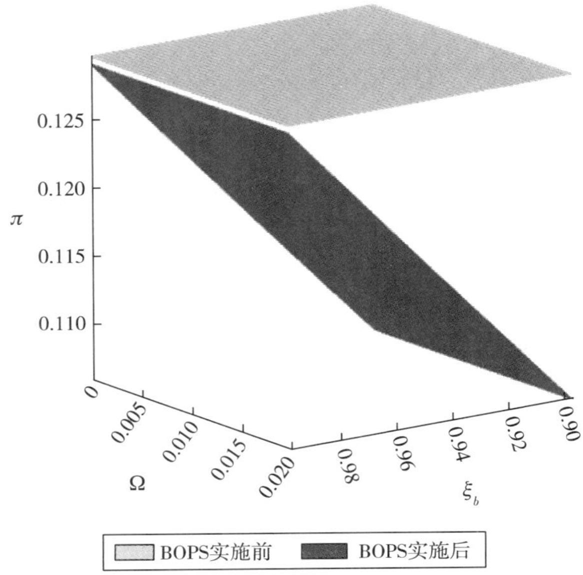

图 4.10　ξ_b 及 Ω 对集中决策下供应链总利润的影响

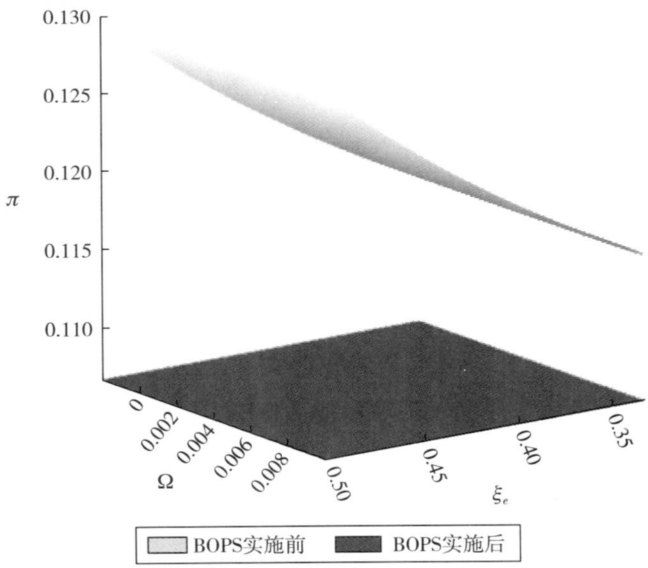

图 4.11　ξ_e 及 Ω 对集中决策下供应链总利润的影响

由图 4.12 可知，集中决策下双渠道供应链总利润与 BOPS 出行成本相对系数 ϕ 无关，BOPS 情形四全渠道供应链总利润随 BOPS 出行成本相对系数 ϕ 增加而递减。当 BOPS 出行成本相对系数 ϕ 较小时，全渠道总利润高于双渠道总利润，此时，可实施 BOPS。

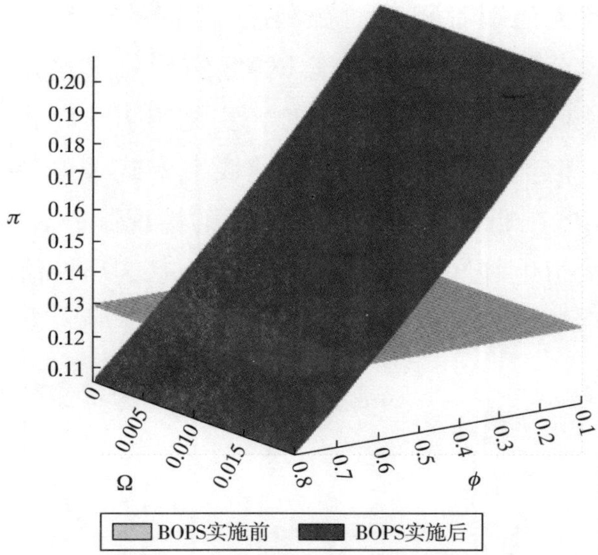

图 4.12　ϕ 及 Ω 对集中决策下供应链总利润的影响

五、本章小结

经消费者效用分析得出四种可能的 BOPS 情形。以实施 BOPS 的 PYO 模式全渠道供应链为研究对象，研究其在集中决策下的定价、需求与利润，并分别对比集中决策下四种 BOPS 情形与 PYO 模式双渠道供应链的利润，讨论实施四种 BOPS 情形的条件。研究得到，集中决策下线上零售商给农民合作社的 BOPS 单位补偿不影响决策结果；BOPS 客户额外消费衍生利润的大小影响情形一及情形二 BOPS 实施的决定；BOPS 情形一和情形二存在 BOPS 客户额外消费衍生利润，而情形三与情形四中不存在纯线下方式，因此无消费者额外消费利润，当 BOPS 客户额外消费衍生利润较高时，应优先考虑实施 BOPS 情形一和情形二，当不考虑 BOPS 客户额外消费衍生利润时，实施 BOPS 后各情形供应链总利润减少，但情形二中消费者对纯线上方式偏好较小的情况与情形四中 BOPS 出行成本相对系数很小的情况除外，因而当 BOPS 客户额外消费衍生利润较低时，应优先考虑这几种情况。

第五章

PYO 模式全渠道农产品供应链分散决策

基于 PYO 模式全渠道供应链可能出现的四种 BOPS 情形，本章讨论分散式决策下各情形的最优决策，分别与该种情形的集中式决策比较，得到两种决策方式对最优决策的影响。随后，逐一与实施 BOPS 前的分散式双渠道供应链进行对比，讨论分散决策下经营 PYO 农场的农民合作社与线上零售商合作开通全渠道的可实施性。

一、模型描述与假设

全渠道供应链中，农民合作社负责生产、线下销售、服务和供货，线上零售商负责线上销售与配送。为激励农民合作社承担 BOPS 方式的线下配货与退换货服务，零售商给其单位补偿 $\kappa > 0$。考虑 BOPS 客户在实体店取货时可能产生的额外消费，记因

BOPS 方式给实体店带来的额外收益为 $\Omega \geqslant 0$。分散式全渠道供应链中，农民合作社和线上零售商以自身利润最大化为目标进行序贯决策。关于消费者效用模型的描述与其他假设同第四章。下面将分别讨论在分散式决策时四种 BOPS 情形下的价格、需求、利润等最优决策。

二、PYO模式全渠道供应链模型

（一）情形一：BOPS、纯线下与纯线上

在条件 C4.1 下，三种购物方式均有需求，纯线下需求、BOPS 需求、纯线上需求为：

$$q_i = \begin{cases} 1 - \dfrac{p_s - p_e + h - \phi h}{1 - \xi_b} & (i = s) \\ \dfrac{p_s - p_e + h - \phi h}{1 - \xi_b} - \dfrac{\phi h - \tau_e}{\xi_b - \xi_e} & (i = b) \\ \dfrac{\phi h - \tau_e}{\xi_b - \xi_e} - \dfrac{p_e + \tau_e}{\xi_e} & (i = e) \end{cases} \tag{5.1}$$

基于上述假设与讨论，线上零售商、农民合作社和供应链的利润分别为：

$$\pi_o(p_e) = (p_e - w - \kappa) q_b + (p_e - w) q_e \tag{5.2}$$

$$\pi_f(p_s,\ w) = p_s q_s + (w + \kappa) q_b + w q_e + \Omega \tag{5.3}$$

$$\pi(p_s,\ p_e) = p_s q_s + p_e(q_b + q_e) + \Omega \tag{5.4}$$

分散决策模式下，农民合作社和线上零售商以自身利润最大化为目标进行序贯决策，假设农民合作社先决定线下售价和批发价，线上零售商再决定线上售价。BOPS 情形一分散决策模式下的 Stackelberg 博弈模型为双层规划模型，如下：

$$\begin{cases} \max\limits_{p_s, w} \pi_f = p_s q_s + (w+\kappa) q_b + w q_e + \Omega \\ \text{s. t. } \max\limits_{p_e} \pi_o = (p_e - w - \kappa) q_b + (p_e - w) q_e \end{cases} \tag{5.5}$$

命题 5.1 BOPS 情形一分散决策模式下的最优决策：

$$\begin{cases} p_s^{d^*} = \dfrac{1}{2}(1 + \phi h - h + \kappa - \tau_e - \xi_b + \xi_e) \\ p_e^{d^*} = \dfrac{2\xi_e^2 + (2 - 2\tau_e - 2\xi_b + (1-\phi)h + 2\kappa)\xi_e - 3(1-\xi_b)\tau_e}{4(1 - \xi_b + \xi_e)} \\ w^{d^*} = \dfrac{\tau_e \xi_b - \kappa\xi_e - \tau_e\xi_e - \xi_b\xi_e + \xi_e^2 - \tau_e + \xi_e}{2(1 - \xi_b + \xi_e)} \end{cases} \tag{5.6}$$

证明： 由 BOPS 情形一下线上零售商利润函数式（5.2）知，因$\dfrac{\partial^2 \pi_o}{\partial (p_e)^2} = -\dfrac{2}{1-\xi_b} - \dfrac{2}{\xi_e} < 0$，故$\pi_o(p_e)$为严格可微凹函数。求解一阶条件：$\pi'_o(p_e) = 0$，有

$$p_e^d(p_s,\ w) = -\frac{h\phi\xi_e - h\xi_e - \kappa\xi_e + w\xi_b - w\xi_e - p_y\xi_e - \tau_e\xi_b - w + \tau_e}{2(1 - \xi_b + \xi_e)} \tag{5.7}$$

将式（5.7）代入 BOPS 情形一下农民合作社利润函数式（5.3），得到$\pi_f(p_s,\ w,\ p_e^d(p_s,\ w))$。$\pi_f(p_s,\ w,\ p_e^d(p_s,\ w))$关于$(p_s,\ w)$的海

塞矩阵为：$\frac{\partial^2 \pi_f}{\partial^2(p_s,\ w)}=\begin{pmatrix} -\frac{2(1-\xi_b)+\xi_e}{(1-\xi_b)(1-\xi_b+\xi_e)} & \frac{1}{1-\xi_b} \\ \frac{1}{1-\xi_b} & -\frac{1}{1-\xi_b}-\frac{1}{\xi_e} \end{pmatrix}$，其一阶主子式：$-\frac{2(1-\xi_b)+\xi_e}{(1-\xi_b)(1-\xi_b+\xi_e)}<0$，二阶主子式：$\frac{2}{(1-\xi_b)\xi_e}>0$，即海塞矩阵严格负定，故$\pi_f(p_s,\ w,\ p_e^d(p_s,\ w))$是$(p_s,\ w)$的严格可微凹函数。

经计算，存在唯一最优值。联立求解式（5.3）、式（5.7），可得到（p_s^{d*}，w^{d*}），再将其代入式（5.7），可得到 BOPS 情形一分散决策模式下价格的最优决策。将其代入式（5.1）、式（5.2）、式（5.3）、式（5.4），可得 BOPS 情形一分散决策模式下最优决策时的需求及利润。

消费者越偏好纯线上方式，线下售价越高；消费者越偏好 BOPS 方式，线下售价越低，批发价越低；消费者等待成本越高，线下售价越低，线上售价越低，批发价越低；消费者出行成本越高，线下售价越低，线上售价越高；BOPS 出行成本相对系数越大，线下售价越高，线上售价越低；单位补偿越高，线下售价越高，线上售价越高，批发价越低。此时，BOPS 情形一分散决策模式下的纯线下需求、BOPS 需求、纯线上需求和供应链总需求分别为：

$$\begin{cases} q_s^{d*} = \dfrac{2\xi_b^2 - (\xi_e + 2)(1-\phi)h - 2\kappa + 2\xi_e - \tau_e + 2}{4(1-\xi_b)(1-\xi_b+\xi_e)} + \\ \quad \dfrac{(2(1-\phi)h + 2\kappa - 2\xi_e + \tau_e - 4)\xi_b}{4(1-\xi_b)(1-\xi_b+\xi_e)} \\ q_b^{d*} = \dfrac{2\xi_b^3 - (2+(1-\phi)h)\xi_e^2 - (2(\phi+1)h + 2\kappa - 3\tau_e + 2)\xi_e - 4h\phi + 4\tau_e}{4(\xi_b - \xi_e)(1-\xi_b)(1-\xi_b+\xi_e)} + \\ \quad \dfrac{(2\xi_e^2 + (\phi h + 3h + 2\kappa - 3\tau_e + 6)\xi_e + (6\phi+2)h + 2\kappa - 7\tau_e + 2)\xi_b}{4(\xi_b - \xi_e)(1-\xi_b)(1-\xi_b+\xi_e)} + \\ \quad \dfrac{(3\tau_e - 4\xi_e - 2(1+\phi)h - 2\kappa - 4)\xi_b^2}{4(\xi_b - \xi_e)(1-\xi_b)(1-\xi_b+\xi_e)} \\ q_e^{d*} = \dfrac{2\xi_e^3 - (4\xi_b + 2\tau_e - (3\phi+1)h - 2\kappa - 2)\xi_e^2 - \xi_b\tau_e(1-\xi_b)}{4(\xi_b - \xi_e)(1-\xi_b+\xi_e)\xi_e} - \\ \quad \dfrac{3\tau_e - 2\xi_b^2 + (2 - \tau_e + 3\phi h + h + 2\kappa)\xi_b - 4\phi h}{4(\xi_b - \xi_e)(1-\xi_b+\xi_e)} \\ q^{d*} = \dfrac{2\xi_e^2 - (2\tau_e + 2\xi_b - \phi h + h + 2\kappa - 2)\xi_e - (1-\xi_b)\tau_e}{4(1-\xi_b+\xi_e)\xi_e} \end{cases} \tag{5.8}$$

消费者越偏好纯线上方式，纯线下需求越大；消费者越偏好BOPS 方式，供应链总需求越小；消费者出行成本越高，纯线下需求越小，供应链总需求越小；消费者等待成本越高，纯线下需求越小，BOPS 需求越大，供应链总需求越小；BOPS 出行成本相对系数越大，纯线下需求越大，纯线上需求越大，供应链总需求越大；单位补偿越高，纯线下需求越小，BOPS 需求越大，纯线上需求越小，供应链总需求越小。

此时，BOPS 情形一分散决策模式下的零售商利润、农民合作社利润和供应链总利润分别为：

$$
\begin{cases}
\pi_o^{d^*}=\dfrac{((1-\phi)h+4\kappa)\xi_e-(1-\xi_b)\tau_e}{4(1-\xi_b+\xi_e)}(q_b^{d^*}+q_e^{d^*})-\kappa q_b^{d^*}\\
\pi_f^{d^*}=\dfrac{1}{2}(1+\phi h-h+\kappa-\tau_e-\xi_b+\xi_e)q_s^{d^*}+\kappa q_b^{d^*}+\\
\qquad\dfrac{\tau_e\xi_b-k\xi_e-\tau_e\xi_e-\xi_b\xi_e+\xi_e^2-\tau_e+\xi_e}{2(1-\xi_b+\xi_e)}(q_b^{d^*}+q_e^{d^*})+\Omega\\
\pi^{d^*}=\dfrac{1}{2}(1+\phi h-h+\kappa-\tau_e-\xi_b+\xi_e)q_s^{d^*}+\\
\qquad\dfrac{2\xi_e^2+(2-2\tau_e-2\xi_b+(1-\phi)h+2\kappa)\xi_e-3(1-\xi_b)\tau_e}{4(1-\xi_b+\xi_e)}(q_b^{d^*}+q_e^{d^*})+\Omega
\end{cases}
\tag{5.9}
$$

单位补偿越高，供应链总利润越小；BOPS 客户额外消费衍生利润越大，农民合作社利润越大，供应链总利润越大。

由 $p_s^*=p_s^{d^*}-\dfrac{1}{2}\kappa<p_s^{d^*}$ 知，在 BOPS 情形一的全渠道供应链中，集中决策下的线下售价低于分散决策下的线下售价，等于分散决策下的线下售价减去农民合作社收到线上零售商的单位补偿 κ 的二分之一。可见，与集中决策相比，分散决策下线下售价升高。

（二）情形二：BOPS 与纯线下

在条件 C4. 2 下，纯线下与 BOPS 两种购物方式均有需求，纯线下需求、BOPS 需求为：

$$
q_i=\begin{cases}
1-\dfrac{p_s-p_e+h-\phi h}{1-\xi_b} & (i=s)\\
\dfrac{p_s-p_e+h-\phi h}{1-\xi_b}-\dfrac{1}{\xi_b}(p_e+\phi h) & (i=b)
\end{cases}
\tag{5.10}
$$

基于上述假设与讨论，线上零售商、农民合作社和供应链的利润分别为：

$$\pi_o(p_e)=(p_e-w-\kappa)q_b \tag{5.11}$$

$$\pi_f(p_s,\ w)=p_sq_s+(w+\kappa)q_b+\Omega \tag{5.12}$$

$$\pi(p_s,\ p_e)=p_sq_s+p_eq_b+\Omega \tag{5.13}$$

分散决策模式下农民合作社和线上零售商以自身利润最大化为目标进行序贯决策，假设农民合作社先决定线下售价和批发价，线上零售商再决定线上售价。BOPS 情形二分散决策模式下的 Stackelberg 博弈模型为双层规划模型，如下：

$$\begin{cases}\max\limits_{p_s,w}\pi_f=p_sq_s+(w+\kappa)q_b+\Omega\\ \text{s. t.}\ \max\limits_{p_e}\pi_o=(p_e-w-\kappa)q_b\end{cases} \tag{5.14}$$

命题 5.2 BOPS 情形二分散决策模式下的最优决策：

$$\begin{cases}p_s^{d^*}=\dfrac{1}{2}(1-h)\\ p_e^{d^*}=\dfrac{1}{4}(2\xi_b+\xi_bh-3\phi h)\\ w^{d^*}=\dfrac{1}{2}(\xi_b-\phi h)-\kappa\end{cases} \tag{5.15}$$

证明： 由 BOPS 情形二下线上零售商利润函数式（5.11）知，因$\dfrac{\partial^2\pi_o}{\partial(p_e)^2}=-\dfrac{2}{1-\xi_b}-\dfrac{2}{\xi_b}<0$，故$\pi_o(p_e)$为严格可微凹函数。求解一阶条件：$\pi'_o(p_e)=0$，有

$$p_e^d(p_s,\ w)=\frac{1}{2}(w-\phi h+h\xi_b+p_s\xi_b+\kappa) \tag{5.16}$$

将式（5.16）代入 BOPS 情形二下农民合作社利润函数式（5.12），得到$\pi_f(p_s,\ w,\ p_e^d(p_s,\ w))$。$\pi_f(p_s,\ w,\ p_e^d(p_s,\ w))$关

于(p_s, w)的海塞矩阵为：$\frac{\partial^2 \pi_f}{\partial^2(p_s, w)} = \begin{pmatrix} -\frac{2-\xi_b}{1-\xi_b} & \frac{1}{1-\xi_b} \\ \frac{1}{1-\xi_b} & -\frac{1}{1-\xi_b}-\frac{1}{\xi_b} \end{pmatrix}$，其一阶主子式：$-\frac{2-\xi_b}{1-\xi_b}<0$，二阶主子式：$\frac{2}{(1-\xi_b)\xi_b}>0$，即海塞矩阵严格负定，故$\pi_f(p_s, w, p_e^d(p_s, w))$是$(p_s, w)$的严格可微凹函数。

经计算，存在唯一最优值。联立求解式（5.12）、式（5.16），可得到（p_s^{d*}，w^{d*}），再将其代入式（5.16），可得到 BOPS 情形二分散决策模式下价格的最优决策。将其代入式（5.10）、式（5.11）、式（5.12）、式（5.13），可得 BOPS 情形二分散决策模式下最优决策时的需求及利润。

消费者越偏好 BOPS 方式，线上售价越高，批发价越高；消费者出行成本越高，线下售价越低，批发价越低；BOPS 出行成本相对系数越大，线上售价越低，批发价越低；单位补偿越高，批发价越低。

此时，BOPS 情形二分散决策模式下的纯线下需求、BOPS 需求和供应链总需求分别为：

$$\begin{cases} q_s^{d*} = \dfrac{2-(2-\phi)h-(2-h)\xi_b}{4(1-\xi_b)} \\ q_b^{d*} = \dfrac{(\xi_b-\phi)h}{4(1-\xi_b)\xi_b} \\ q^{d*} = \dfrac{(2-h)\xi_b-h\phi}{4\xi_b} \end{cases} \tag{5.17}$$

消费者越偏好 BOPS 方式，纯线下需求越小，BOPS 需求越大，供应链总需求越大；消费者出行成本越高，纯线下需求越小，BOPS 需求越大，供应链总需求越小；BOPS 出行成本相对系数越大，纯线下需求越大，BOPS 需求越小，供应链总需求越小。

此时，BOPS 情形二分散决策模式下的线上零售商利润、农民合作社利润和供应链总利润分别为：

$$\begin{cases}\pi_o^{d^*}=\dfrac{(\xi_b-\phi)^2h^2}{16(1-\xi_b)\xi_b}\\ \pi_f^{d^*}=\dfrac{\phi^2h^2-(h^2-4h+2)\xi_b^2-(4h-2-2(1-\phi)h^2)\xi_b}{8(1-\xi_b)\xi_b}+\Omega\\ \pi^{d^*}=\dfrac{1}{16}\dfrac{3\phi^2h^2-(h^2-8h+4)\xi_b^2+((6\phi-4)h^2+8h-4)\xi_b}{(1-\xi_b)\xi_b}+\Omega\end{cases} \tag{5.18}$$

消费者越偏好 BOPS 方式，线上零售商利润越大；消费者出行成本越高，线上零售商利润越大；BOPS 出行成本相对系数越大，线上零售商利润越小，农民合作社利润越小，供应链总利润越小；BOPS 客户额外消费衍生利润越大，农民合作社利润越大，供应链总利润越大。

由 $p_s^*=p_s^{d^*}$、$p_e^*=w^{d^*}+\kappa<p_e^{d^*}$ 知，在 BOPS 情形二中，集中决策下的线下售价与分散决策下的线下售价相等；集中决策下的线上售价等于分散决策下的批发价加上零售商给农民合作社的服务补偿 κ，小于分散决策下的线上售价。

由 $\Delta q_s=q_s^*-q_s^{d^*}<0$、$\Delta q_b=q_b^*-q_b^{d^*}>0$ 且 $q_b^*=2q_b^{d^*}$、$q^*>q^{d^*}$ 知，在 BOPS 情形二中，不考虑 BOPS 客户额外消费时，纯线下需求在分散决策下更小，BOPS 需求在集中决策下更大，为分散决策下的两倍。集中决策下的供应链总需求大于分散决策下。

由 $\Delta\pi=\pi^*-\pi^{d^*}=\dfrac{h^2(\xi_b-\phi)^2}{16(1-\xi_b)\xi_b}>0$ 知，在 BOPS 情形二中，

集中决策下供应链利润高于分散决策下供应链利润。

可见，与集中决策相比，分散决策下线下售价不变，线上售价升高，进而采用 BOPS 方式购物的消费者转向纯线下方式购物或不再购物，使得 BOPS 需求减少，纯线下需求增加，供应链总需求减少。线上售价变化的幅度小于 BOPS 需求变化的幅度，引起利润的减少，且减少部分大于因纯线下需求增加带来的利润，供应链总利润减少，分散决策下存在双重边际效应。

（三）情形三：BOPS 与纯线上

在条件 C4.3 下，BOPS 与纯线上两种购物方式均有需求，BOPS 需求、纯线上需求为：

$$q_i=\begin{cases}1-\dfrac{\phi h-\tau_e}{\xi_b-\xi_e} & (i=b)\\ \dfrac{\phi h-\tau_e}{\xi_b-\xi_e}-\dfrac{1}{\xi_e}(p_e+\tau_e) & (i=e)\end{cases} \tag{5.19}$$

基于上述假设与讨论，线上零售商、农民合作社和供应链的利润分别为：

$$\pi_o(p_e)=(p_e-w-\kappa)q_b+(p_e-w)q_e \tag{5.20}$$

$$\pi_f(w)=(w+\kappa)q_b+wq_e \tag{5.21}$$

$$\pi(p_e)=p_eq_b+p_eq_e \tag{5.22}$$

分散决策模式下农民合作社和线上零售商以自身利润最大化为目标进行序贯决策，假设农民合作社先决定批发价，线上零售商再决定线上售价。BOPS 情形三分散决策模式下的 Stackelberg 博弈模型为双层规划模型，如下：

$$\begin{cases}\max\limits_{w}\pi_f=(w+\kappa)q_b+wq_e\\ \text{s. t. }\max\limits_{p_e}\pi_o=(p_e-w-\kappa)q_b+(p_e-w)q_e\end{cases} \tag{5.23}$$

命题 5.3　BOPS 情形三分散决策模式下的最优决策：

$$\begin{cases} p_e^{d^*} = \dfrac{3}{4}(\xi_e - \tau_e) \\ w^{d^*} = \dfrac{1}{2}(\xi_e - \tau_e) \end{cases} \tag{5.24}$$

证明：由 BOPS 情形三下线上零售商利润函数式（5.20）知，因$\dfrac{\partial^2 \pi_o}{\partial(p_e)^2} = -\dfrac{2}{\xi_e} < 0$，故$\pi_o(p_e)$为严格可微凹函数。求解一阶条件：$\pi'_o(p_e) = 0$，有

$$p_e = \frac{1}{2}(\xi_e - \tau_e + w) \tag{5.25}$$

将式（5.25）代入 BOPS 情形三下农民合作社利润函数式（5.21），得到$\pi_f(w, p_e^d(w))$。因$\dfrac{\partial^2 \pi_f}{\partial(w)^2} = -\dfrac{1}{\xi_e} < 0$，故$\pi_f(w, p_e^d(w))$为严格可微凹函数。求解一阶条件：$\pi'_f(w) = 0$，有

$$w^{d^*} = \frac{1}{2}(\xi_e - \tau_e) \tag{5.26}$$

将式（5.26）代入式（5.25），可得到 BOPS 情形三分散决策模式下价格的最优决策。将其代入式（5.19）、式（5.20）、式（5.21）、式（5.22），可得 BOPS 情形三分散决策模式下最优决策时的需求及利润。

消费者越偏好纯线上方式，线上售价越高，批发价越高；消费者等待成本越高，线上售价越低，批发价越低。

此时，BOPS 情形三分散决策模式下的 BOPS 需求、纯线上需求和供应链总需求分别为：

$$
\begin{cases}
q_b^{d*} = \dfrac{\tau_e - \phi h + \xi_b - \xi_e}{\xi_b - \xi_e} \\
q_e^{d*} = \dfrac{\phi h - \tau_e}{\xi_b - \xi_e} - \dfrac{3\xi_e + \tau_e}{4\xi_e} \\
q^{d*} = \dfrac{\xi_e - \tau_e}{4\xi_e}
\end{cases} \tag{5.27}
$$

消费者越偏好纯线上方式，BOPS 需求越小，纯线上需求越大，供应链总需求越大；消费者越偏好 BOPS 方式，BOPS 需求越大，纯线上需求越小；消费者出行成本越高，BOPS 需求越小，纯线上需求越大；消费者等待成本越高，BOPS 需求越大，纯线上需求越小，供应链总需求越小；BOPS 出行成本相对系数越大，BOPS 需求越小，纯线上需求越大。

此时，BOPS 情形三分散决策模式下的零售商利润、农民合作社利润和供应链总利润分别为：

$$
\begin{cases}
\pi_o^{d*} = \dfrac{(2\tau_e + 16\kappa + \xi_b)\xi_e^2 + (16(\phi h - \xi_b)\kappa - \tau_e^2 - 2(8\kappa + \xi_b)\tau_e)\xi_e + \tau_e^2\xi_b - \xi_e^3}{16(\xi_b - \xi_e)\xi_e} \\
\pi_f^{d*} = \dfrac{(2\tau_e - 8\kappa + \xi_b)\xi_e^2 + (2(4\kappa - \xi_b)\tau_e - \tau_e^2 - 8(\phi h - \xi_b)\kappa)\xi_e + \tau_e^2\xi_b - \xi_e^3}{8(\xi_b - \xi_e)\xi_e} \\
\pi^{d*} = \dfrac{3(\xi_e - \tau_e)^2}{16\xi_e}
\end{cases} \tag{5.28}
$$

消费者越偏好纯线上方式，供应链总利润越大；消费者出行成本越高，零售商利润越大，农民合作社利润越小；消费者等待成本越高，供应链总利润越小；BOPS 出行成本相对系数越大，零售商利润越大，农民合作社利润越小；单位补偿越高，零售商利润越小，农民合作社利润越大。

由 $p_e^* = w^{d*} < p_e^{d*}$ 且 $p_e^* = \frac{2}{3}p_e^{d*}$ 知，在 BOPS 情形三中，集中决策下的线上售价等于分散决策下的批发价，小于分散决策下的线上售价且为其 2/3。

由 $q_b^* = q_b^{d*}$、$\Delta q_e = q_e^* - q_e^{d*} > 0$、$q^* > q^{d*}$ 且 $q^* = 2q^{d*}$ 知，在 BOPS 情形三中，BOPS 需求在集中决策下和分散决策下相等。纯线上需求在集中决策下大于分散决策下。集中决策下的供应链总需求大于分散决策下，为分散决策下的 2 倍。

由 $\Delta\pi = \pi^* - \pi^{d*} = \frac{1}{4}\pi^* = \frac{(\xi_e - \tau_e)^2}{16\xi_e} > 0$ 知，在 BOPS 情形三中，分散决策下供应链利润低于集中决策下供应链利润，为集中决策下供应链利润的 3/4。

可见，与集中决策相比，分散决策下线上售价升高，BOPS 需求无变化，但部分纯线上购物的消费者不再购物，使得纯线上需求减少，供应链总需求减少。线上售价变化的幅度小于纯线上需求变化的幅度，供应链总利润减少，分散决策下存在双重边际效应。

（四）情形四：仅 BOPS

在条件 C4.4 下，仅有 BOPS 方式存在需求，BOPS 需求为：

$$q_b = 1 - \frac{p_e + \phi h}{\xi_b} \tag{5.29}$$

基于上述假设，零售商、农民合作社和供应链的利润分别为：

$$\pi_o(p_e) = (p_e - w - \kappa)q_b \tag{5.30}$$

$$\pi_f(w) = (w + \kappa)q_b \tag{5.31}$$

$$\pi(p_e)=p_e q_b \tag{5.32}$$

分散决策模式下农民合作社和线上零售商以自身利润最大化为目标进行序贯决策，假设农民合作社先决定批发价，线上零售商再决定线上售价。BOPS 情形四分散决策模式下的 Stackelberg 博弈模型为双层规划模型，如下：

$$\begin{cases}\max\limits_{w}\pi_f=(w+\kappa)q_b\\ \text{s. t. }\ \max\limits_{p_e}\pi_o=(p_e-w-\kappa)q_b\end{cases} \tag{5.33}$$

命题 5.4 BOPS 情形四分散决策模式下的最优决策：

$$\begin{cases}p_e^{d*}=\dfrac{3}{4}(\xi_b-\phi h)\\ w^{d*}=\dfrac{1}{2}(\xi_b-\phi h)-\kappa\end{cases} \tag{5.34}$$

证明： 由 BOPS 情形四下线上零售商利润函数式（5.30）知，因$\dfrac{\partial^2\pi_o}{\partial(p_e)^2}=-\dfrac{2}{\xi_b}<0$，故$\pi_o(p_e)$为严格可微凹函数。求解一阶条件：$\pi'_o(p_e)=0$，有

$$p_e=\frac{1}{2}(w+\xi_b-\phi h+\kappa) \tag{5.35}$$

将式（5.35）代入 BOPS 情形四下农民合作社利润函数式（5.31），得到$\pi_f((w,\ p_e^d(w))$。因$\dfrac{\partial^2\pi_f}{\partial(w)^2}=-\dfrac{1}{\xi_b}<0$，故$\pi_f(w,\ p_e^d(w))$为严格可微凹函数。求解一阶条件：$\pi'_f(w)=0$，有

$$w^{d*}=\frac{1}{2}(\xi_b-\phi h)-\kappa \tag{5.36}$$

将其代入式（5.35），可得到 BOPS 情形四分散决策模式下价格的最优决策。将其代入式（5.29）、式（5.30）、式（5.31）、式（5.32），可得 BOPS 情形四分散决策模式下最优决

策时的需求及利润。

消费者越偏好 BOPS 方式，线上售价越高，批发价越高；消费者出行成本越高，线上售价越低，批发价越低；BOPS 出行成本相对系数越大，线上售价越低，批发价越低；单位补偿越高，批发价越低。

此时，BOPS 情形四分散决策模式下的 BOPS 需求为：

$$q_b^{d^*}=\frac{\xi_b-\phi h}{4\xi_b} \tag{5.37}$$

消费者越偏好 BOPS 方式，BOPS 需求越大；消费者出行成本越高，BOPS 需求越小；BOPS 出行成本相对系数越大，BOPS 需求越小。

此时，BOPS 情形四分散决策模式下的零售商利润、农民合作社利润和供应链总利润分别为：

$$\begin{cases}\pi_o^{d^*}=\dfrac{(\xi_b-\phi h)^2}{16\xi_b}\\[2ex]\pi_f^{d^*}=\dfrac{(\xi_b-\phi h)^2}{8\xi_b}\\[2ex]\pi^{d^*}=\dfrac{3(\xi_b-\phi h)^2}{16\xi_b}\end{cases} \tag{5.38}$$

消费者越偏好 BOPS 方式，零售商利润越大，农民合作社利润越大，供应链总利润越大；消费者出行成本越高，零售商利润越小，农民合作社利润越小，供应链总利润越小；BOPS 出行成本相对系数越大，零售商利润越小，农民合作社利润越小，供应链总利润越小。

由 $p_e^*=w^{d^*}+\kappa<p_e^{d^*}$ 且 $p_e^*=\frac{2}{3}p_e^{d^*}$ 知，在 BOPS 情形四中，集中决策下的线上售价等于分散决策下的批发价加上服务补偿 κ，

小于分散决策下的线上售价且为其 2/3。

由 $q_b^* > q_b^{d*}$ 且 $q_b^* = 2q_b^{d*}$，即 $q^* > q^{d*}$ 且 $q^* = 2q^{d*}$ 知，在 BOPS 情形四中，BOPS 需求在集中决策下为分散决策下的 2 倍，此时供应链中仅有 BOPS 方式，因此集中决策下的供应链总需求大于分散决策下，为分散决策下的 2 倍。

由 $\Delta\pi = \pi^* - \pi^{d*} = \frac{1}{4}\pi^* = \frac{(\xi_b - \phi h)^2}{16\xi_b} > 0$ 知，在 BOPS 情形四中，分散决策下供应链利润低于集中决策下供应链利润，为集中决策下供应链利润的 3/4。

可见，与集中决策相比，分散决策下线上售价升高，部分采用 BOPS 方式购物的消费者不再购物，使得 BOPS 需求减少一半，供应链总需求减少。线上售价变化的幅度小于 BOPS 需求变化的幅度，供应链总利润减少，分散决策下存在双重边际效应。

三、分散决策下实施BOPS的可行性

当 $1 > \frac{p_s - p_e + h - \phi h}{1 - \xi_b} > \frac{\phi h - \tau_e}{\xi_b - \xi_e} > \frac{p_e + \tau_e}{\xi_e} > 0$ 时，出现 BOPS 情形一，即 BOPS、纯线下与纯线上三种购物方式并存；当 $1 > \frac{p_s - p_e + h - \phi h}{1 - \xi_b}$ 且 $p_s + h > \frac{1}{\xi_b}(p_e + \phi h)$ 且 $\frac{1}{\xi_e}(p_e + \tau_e) > \frac{1}{\xi_b}(p_e + \phi h)$ 时，出现 BOPS 情形二，即 BOPS 与纯线下方式并存；当 $\frac{p_s - p_e + h - \phi h}{1 - \xi_b} > 1 > \frac{\phi h - \tau_e}{\xi_b - \xi_e}$ 且 $p_s + h > \frac{1}{\xi_b}(p_e + \phi h) > \frac{1}{\xi_e}(p_e + \tau_e)$ 时，

出现 BOPS 情形三，即 BOPS 与纯线上方式并存；当 $\frac{p_s-p_e+h-\phi h}{1-\xi_b}>1$ 且 $1>p_s+h>\frac{1}{\xi_b}(p_e+\phi h)$ 且 $1>\frac{1}{\xi_e}(p_e+\tau_e)>\frac{1}{\xi_b}(p_e+\phi h)$ 时，出现 BOPS 情形四，即仅存 BOPS 方式。BOPS 情形一中，农民合作社通过纯线下方式售卖农产品以及农产品批发获得利润，零售商通过 BOPS 方式与纯线上方式售卖农产品获得利润；BOPS 情形二中，农民合作社通过纯线下方式售卖农产品以及农产品批发获得利润，零售商通过 BOPS 方式售卖农产品获得利润，此时零售商可提供的购物方式减少；BOPS 情形三中，零售商通过 BOPS 方式与纯线上方式售卖农产品获得利润，而农民合作社仅通过农产品批发获得利润，此时，农民合作社未能零售农产品；BOPS 情形四中，零售商通过 BOPS 方式售卖农产品获得利润，而农民合作社仅通过农产品批发获得利润，此时，农民合作社未能零售农产品且零售商只有一种购物方式可提供。

比较分散决策下 PYO 模式双渠道供应链与 BOPS 情形一的最优决策。

由 $\tilde{q}^{d^*}\neq q^{d^*}$ 知，增加 BOPS 方式后，不考虑 BOPS 客户额外消费时，供应链总需求发生变化。

命题 5.5 阈值 $\Omega_{N1}\leqslant 0$ 时，分散决策下实施 BOPS 的全渠道供应链总利润高于或等于 PYO 模式双渠道供应链总利润；阈值 $\Omega_{N1}>0$ 时，当且仅当 $\Omega>\Omega_{N1}$ 时，分散决策下实施 BOPS 的全渠道供应链总利润高于 PYO 模式双渠道供应链总利润。

命题 5.6 阈值 $\Omega_{M1}\leqslant 0$ 时，分散决策下实施 BOPS 的全渠道供应链中农民合作社利润高于或等于 PYO 模式双渠道供应链中农民合作社利润；阈值 $\Omega_{M1}>0$ 时，当且仅当 $\Omega>\Omega_{M1}$ 时，分散决策下实施 BOPS 的全渠道供应链中农民合作社利润高于 PYO 模式双渠道供应链中农民合作社利润。

当阈值 $\Omega_{N1} \leqslant 0$ 时，说明不考虑消费者额外消费时，实施 BOPS 方式使得供应链总利润增加或不变。而当阈值 $\Omega_{N1} > 0$ 时，说明不考虑消费者额外消费时，实施 BOPS 方式使得供应链总利润降低，此时，若消费者额外消费带来的利润足够高，全渠道供应链总利润才可能高于双渠道模式。当阈值 $\Omega_{M1} \leqslant 0$ 时，说明不考虑消费者额外消费时，实施 BOPS 方式使得农民合作社利润增加或不变。而当阈值 $\Omega_{M1} > 0$ 时，说明不考虑消费者额外消费时，实施 BOPS 方式使得农民合作社利润降低，此时，若消费者额外消费带来的利润足够高，全渠道模式下农民合作社利润才可能高于双渠道模式，农民合作社将考虑实施 BOPS。

比较分散决策下 PYO 模式双渠道供应链与 BOPS 情形二的最优决策。

由 $\tilde{p}_s^{d*} = p_s^{d*}$ 知，分散决策下，增加 BOPS 方式后，线下售价无变化。

由 $\tilde{q}^{d*} \neq q^{d*}$ 知，增加 BOPS 方式后，不考虑 BOPS 客户额外消费时，供应链总需求发生变化。

命题 5.7 阈值 $\Omega_{N2} \leqslant 0$ 时，分散决策下实施 BOPS 的全渠道供应链总利润高于或等于 PYO 模式双渠道供应链总利润；阈值 $\Omega_{N2} > 0$ 时，当且仅当 $\Omega > \Omega_{N2}$ 时，分散决策下实施 BOPS 的全渠道供应链总利润高于 PYO 模式双渠道供应链总利润。

命题 5.8 阈值 $\Omega_{M2} \leqslant 0$ 时，分散决策下实施 BOPS 的全渠道供应链中农民合作社利润高于或等于 PYO 模式双渠道供应链中农民合作社利润；阈值 $\Omega_{M2} > 0$ 时，当且仅当 $\Omega > \Omega_{M2}$ 时，分散决策下实施 BOPS 的全渠道供应链中农民合作社利润高于 PYO 模式双渠道供应链中农民合作社利润。

当阈值 $\Omega_{N2} \leqslant 0$ 时，说明不考虑消费者额外消费时，实施 BOPS 方式使得供应链总利润增加或不变。而当阈值 $\Omega_{N2} > 0$ 时，说明不考虑消费者额外消费时，实施 BOPS 方式使得供应链总利润降低，此时，若消费者额外消费带来的利润足够高，全渠道供应链总利润才可能高于双渠道模式。当阈值 $\Omega_{M2} \leqslant 0$ 时，说明不考虑消费者额外消费时，实施 BOPS 方式使得农民合作社利润增加或不变。而当阈值 $\Omega_{M2} > 0$ 时，说明不考虑消费者额外消费时，实施 BOPS 方式使得农民合作社利润降低，此时，若消费者额外消费带来的利润足够高，全渠道模式下农民合作社利润才可能高于双渠道模式，农民合作社将考虑实施 BOPS。

比较分散决策下 PYO 模式双渠道供应链与 BOPS 情形三的最优决策。

由 $\tilde{p}_e^{d*} < p_e^{d*}$，$\tilde{w}^{d*} = w^{d*}$ 知，分散决策下，增加 BOPS 方式后，线上售价升高，批发价无变化。

由 $\tilde{q}^{d*} > q^{d*}$ 知，增加 BOPS 方式后，分散决策下，供应链总需求减少。

在 BOPS 情形四中，情况较为繁杂，后续将进行数值试验进行讨论。

四、数值试验

下面对分散决策时 BOPS 实施前后的 PYO 模式农产品供应链最优决策、需求及利润进行数值分析。结合模型假设与相应的约束条件，取模型参数 $\xi_b=0.9$、$\xi_e=0.5$、$h=0.35$、$\phi=0.8$、$\tau_e=0.02$、$\kappa=0.05$、$\Omega=0.002$，可得到表 5.1。

表 5.1 BOPS 实施前后分散决策模式下的最优决策

决策模式	分散决策				
	未实施 BOPS 双渠道	BOPS 情形一	BOPS 情形二	BOPS 情形三（$\phi=0.95$）	BOPS 情形四
线下售价 p_s	0.3250	0.2800	0.3250	—	—
线上售价 p_e	0.2788	0.2746	0.3188	0.3600	0.4650
批发价 w	0.2400	0.2192	0.2600	0.2400	0.2600
纯线下需求 q_s	0.2475	0.2458	0.2375	—	—
BOPS 需求 q_b	—	0.1042	0.0972	0.2188	0.1722
纯线上需求 q_e	0.1550	0.0608	—	0.0212	—
总需求 q	0.4025	0.4108	0.3347	0.2400	0.1722
农民合作社利润 π_f	0.1176375	0.1122042	0.1093264	0.0685375	0.05338889
零售商利润 π_o	0.0060063	0.0039354	0.0008507	0.0178625	0.02669444
供应链利润 π	0.1236438	0.1161396	0.1101771	0.0864000	0.08008333

在分散决策下，仅考虑强势方农民合作社在 BOPS 实施前后的利润变化。

（一）情形一：BOPS、纯线下与纯线上

将 BOPS、纯线下与纯线上并存时全渠道供应链中农民合作社利润和 PYO 模式双渠道供应链中农民合作社利润进行比较。

由图 5.1 可知，分散决策下双渠道供应链中农民合作社利润与消费者对 BOPS 的偏好程度 ξ_b、BOPS 客户额外消费衍生利润 Ω 无关，BOPS 情形一全渠道供应链中农民合作社利润随消

费者对 BOPS 的偏好程度 ξ_b 增加而递减，随 BOPS 客户额外消费衍生利润 Ω 增加而增加。当 BOPS 客户额外消费衍生利润大到一定程度时，全渠道供应链中农民合作社利润将高于双渠道供应链中农民合作社利润，此时可实施 BOPS；当 BOPS 客户额外消费衍生利润一定时，消费者对 BOPS 的偏好程度越小，越适合实施 BOPS。

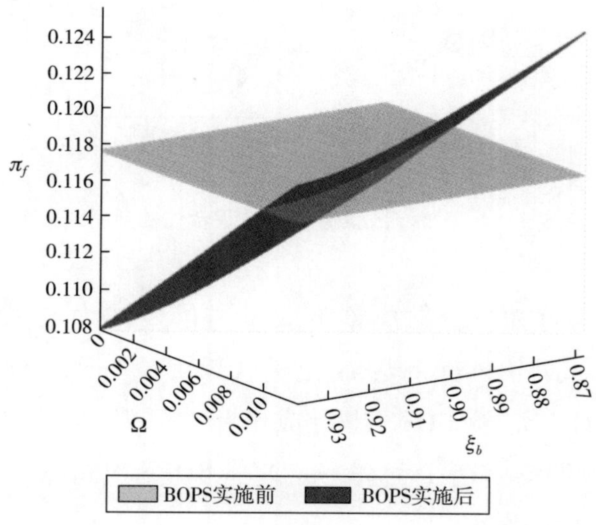

图 5.1　ξ_b 及 Ω 对分散决策下农民合作社利润的影响

由图 5.2 可知，分散决策下双渠道供应链与 BOPS 情形一全渠道供应链中农民合作社利润均随消费者对纯线上的偏好程度 ξ_e 增加而增加，且在全渠道供应链中增加速度更快。当 BOPS 客户额外消费衍生利润一定时，消费者对纯线上的偏好程度越大，越适合实施 BOPS。

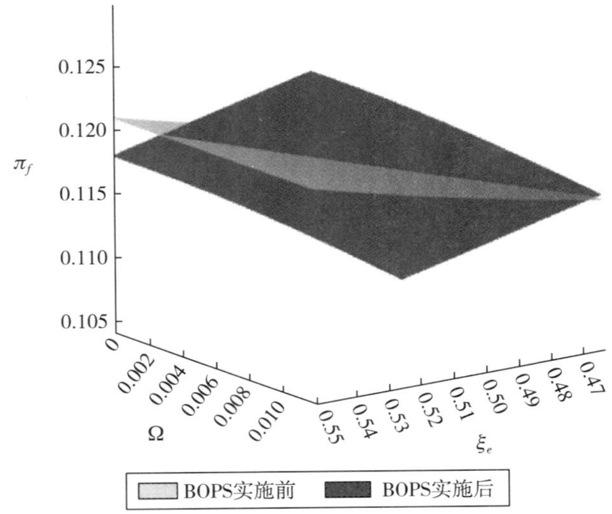

图 5.2 ξ_e 及 Ω 对分散决策下农民合作社利润的影响

由图 5.3 可知，分散决策下双渠道供应链中农民合作社利润与 BOPS 出行成本相对系数 ϕ 无关，BOPS 情形一全渠道供应链中农民合作社利润随 BOPS 出行成本相对系数 ϕ 增加而增加。当 BOPS 客户额外消费衍生利润一定时，BOPS 出行成本相对系数越大，越适合实施 BOPS。

同集中决策，BOPS 客户额外消费衍生利润对于情形一而言较为关键。

（二）情形二：BOPS 与纯线下

将 BOPS 与纯线下并存时全渠道供应链中农民合作社利润和 PYO 模式双渠道供应链中农民合作社利润进行比较。

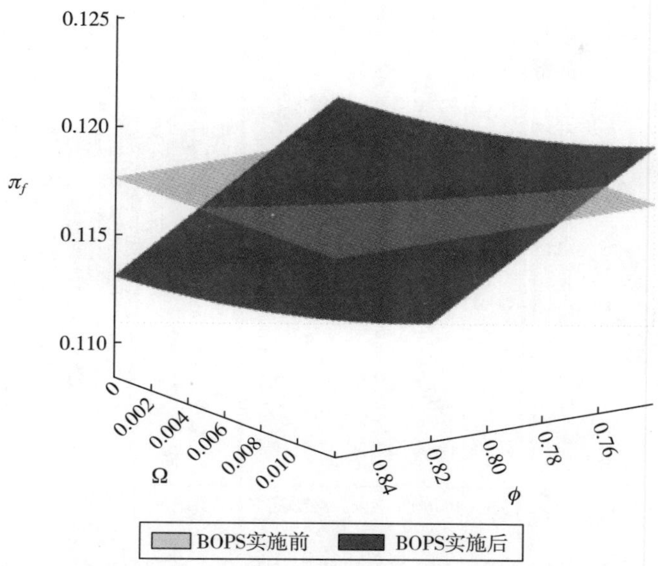

图 5.3　ϕ 及 Ω 对分散决策下农民合作社利润的影响

由图 5.4 可知，分散决策下双渠道供应链中农民合作社利润与消费者对 BOPS 的偏好程度 ξ_b、BOPS 客户额外消费衍生利润 Ω 无关，BOPS 情形二全渠道供应链中农民合作社利润随消费者对 BOPS 的偏好程度 ξ_b 增加而增加，随 BOPS 客户额外消费衍生利润 Ω 增加而增加。当 BOPS 客户额外消费衍生利润大到一定程度时，全渠道供应链中农民合作社利润将高于双渠道供应链中农民合作社利润，此时可实施 BOPS；当 BOPS 客户额外消费衍生利润一定时，消费者对 BOPS 的偏好程度越大，越适合实施 BOPS。

由图 5.5 可知，分散决策下双渠道供应链中农民合作社利润随消费者对纯线上的偏好程度 ξ_e 增加而增加，BOPS 情形二全渠道供应链中农民合作社利润与消费者对纯线上的偏好程度 ξ_e 无关。当 BOPS 客户额外消费衍生利润一定时，消费者对纯线上的偏好程度越小，越适合实施 BOPS。

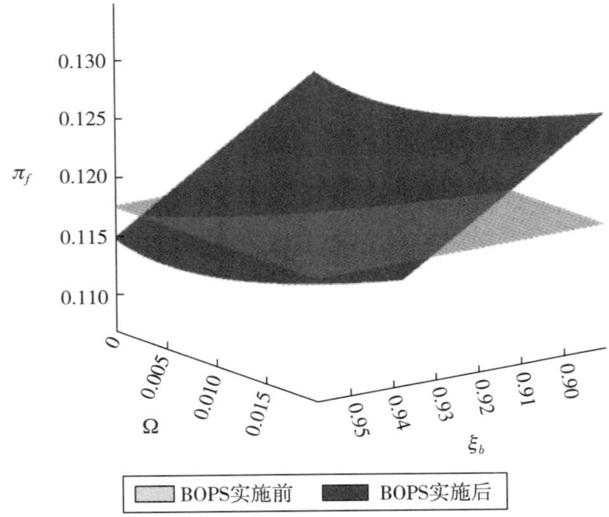

图 5.4　ξ_b 及 Ω 对分散决策下农民合作社利润的影响

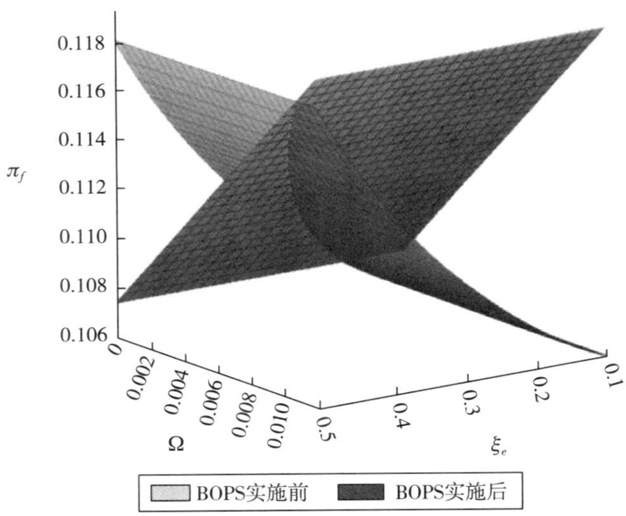

图 5.5　ξ_e 及 Ω 对分散决策下农民合作社利润的影响

由图 5.6 可知，分散决策下双渠道供应链中农民合作社利润与 BOPS 出行成本相对系数 ϕ 无关，BOPS 情形二全渠道供应链中农民合作社利润随 BOPS 出行成本相对系数 ϕ 增加而递减。当 BOPS 客户额外消费衍生利润一定时，BOPS 出行成本相对系数越小，越适合实施 BOPS。

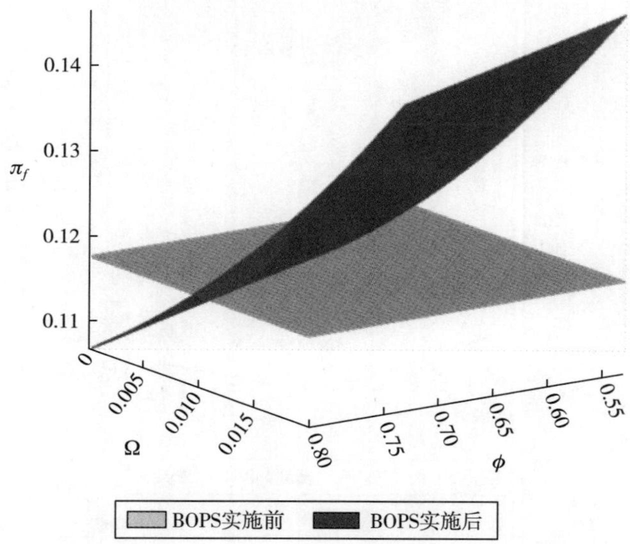

图 5.6　ϕ 及 Ω 对分散决策下农民合作社利润的影响

同集中决策，当消费者对纯线上的偏好程度越小时越适合实施 BOPS。

（三）情形三：BOPS 与纯线上

将 BOPS 与纯线上并存时全渠道供应链中农民合作社利润和 PYO 模式双渠道供应链中农民合作社利润进行比较。

由图 5.7 可知，分散决策下双渠道供应链中农民合作社利润与消费者对 BOPS 的偏好程度 ξ_b、BOPS 客户额外消费衍生利润 Ω 无关，BOPS 情形三全渠道供应链中农民合作社利润随消费者对 BOPS 的偏好程度 ξ_b 增加而增加，与 BOPS 客户额外消费衍生利

润 Ω 无关。全渠道供应链中农民合作社利润低于双渠道供应链中农民合作社利润，此时农民合作社将不实施 BOPS。

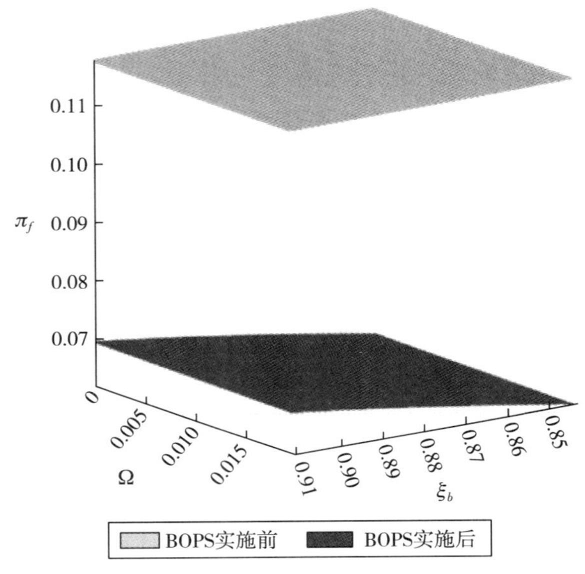

图 5.7　ξ_b 及 Ω 对分散决策下农民合作社利润的影响

由图 5.8 可知，分散决策下双渠道供应链中农民合作社利润随消费者对纯线上的偏好程度 ξ_e 增加而增加，BOPS 情形三全渠道供应链中农民合作社利润随消费者对纯线上的偏好程度 ξ_e 增加，先增加后递减。全渠道供应链中农民合作社利润低于双渠道供应链中农民合作社利润，此时农民合作社将不实施 BOPS。

由图 5.9 可知，分散决策下双渠道供应链中农民合作社利润与 BOPS 出行成本相对系数 ϕ 无关，BOPS 情形三全渠道供应链中农民合作社利润随 BOPS 出行成本相对系数 ϕ 增加而递减。全渠道供应链中农民合作社利润低于双渠道供应链中农民合作社利润，此时农民合作社将不实施 BOPS。

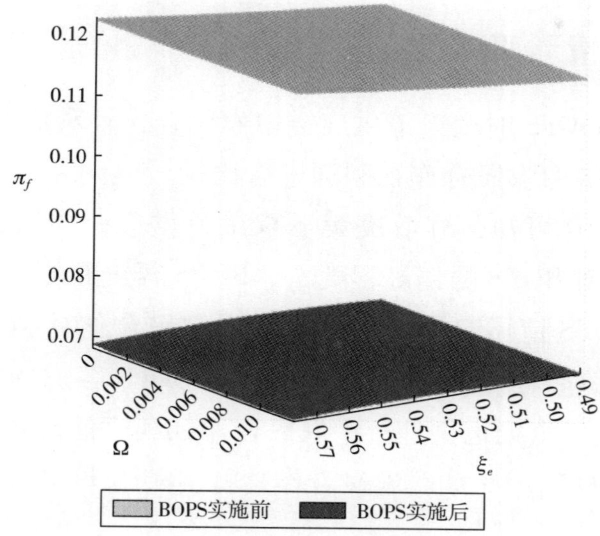

图 5.8　ξ_e 及 Ω 对分散决策下农民合作社利润的影响

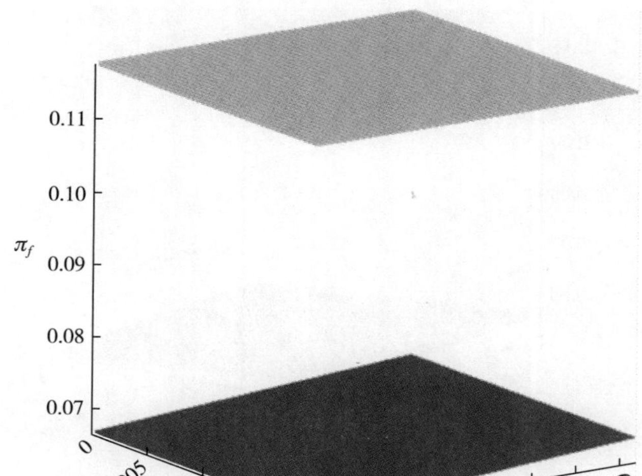

图 5.9　ϕ 及 Ω 对分散决策下农民合作社利润的影响

（四）情形四：仅 BOPS

将仅存 BOPS 时全渠道供应链中农民合作社利润和 PYO 模式双渠道供应链中农民合作社利润进行比较。

由图 5.10 可知，分散决策下双渠道供应链中农民合作社利润与消费者对 BOPS 的偏好程度 ξ_b、BOPS 客户额外消费衍生利润 Ω 无关，BOPS 情形四全渠道供应链中农民合作社利润随消费者对 BOPS 的偏好程度 ξ_b 增加而增加，与 BOPS 客户额外消费衍生利润 Ω 无关。全渠道供应链中农民合作社利润低于双渠道供应链中农民合作社利润，此时农民合作社将不实施 BOPS。

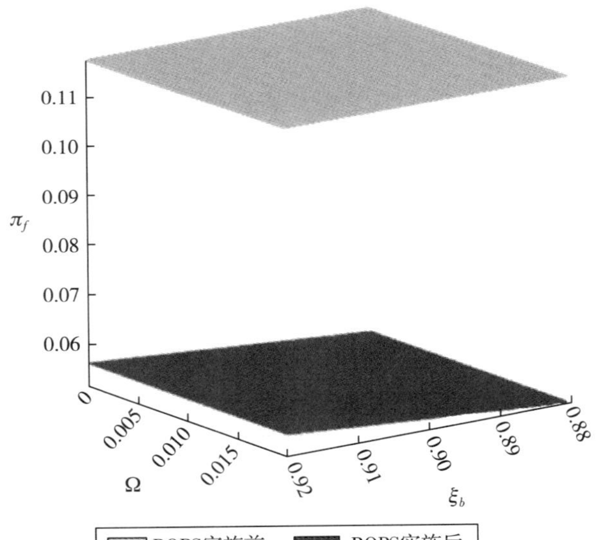

图 5.10　ξ_b 及 Ω 对分散决策下农民合作社利润的影响

由图 5.11 可知，分散决策下双渠道供应链中农民合作社利润随消费者对纯线上的偏好程度 ξ_e 增加而增加，BOPS 情形四全渠道供应链中农民合作社利润与消费者对纯线上的偏好程度 ξ_e 无关。全渠道供应链中农民合作社利润低于双渠道供应链中农民合作社利润，此时农民合作社将不实施 BOPS。

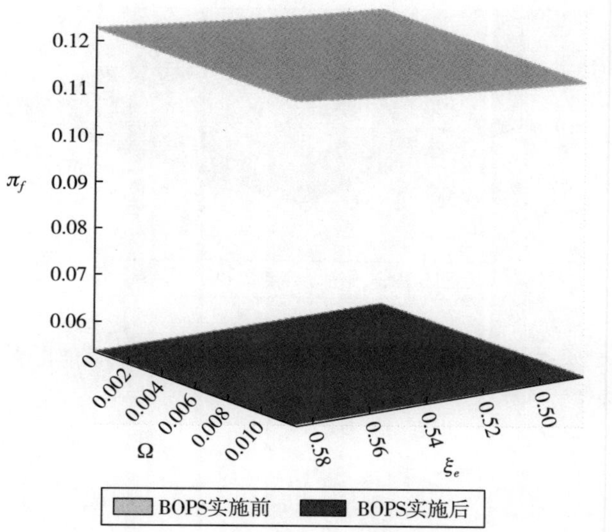

图 5.11　ξ_e 及 Ω 对分散决策下农民合作社利润的影响

由图 5.12 可知，分散决策下双渠道供应链中农民合作社利润与 BOPS 出行成本相对系数 ϕ 无关，BOPS 情形四全渠道供应链中农民合作社利润随 BOPS 出行成本相对系数 ϕ 增加而递减。全渠道供应链中农民合作社利润低于双渠道供应链中农民合作社利润，此时农民合作社将不实施 BOPS。

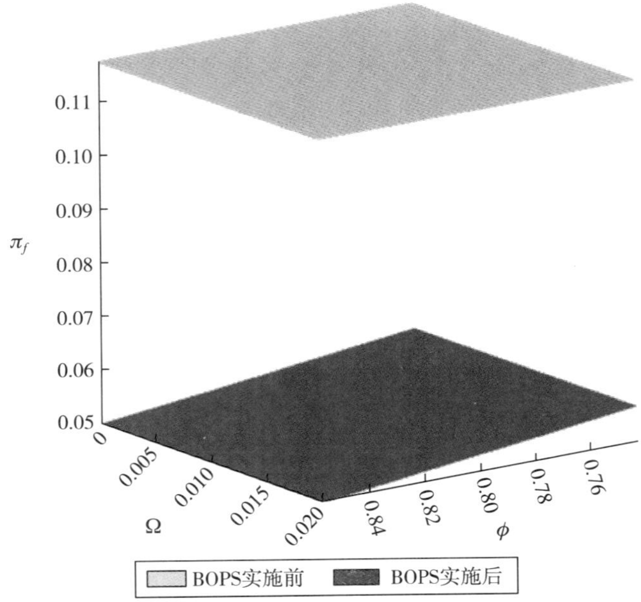

图 5.12　ϕ 及 Ω 对分散决策下农民合作社利润的影响

五、本章小结

基于消费者效用研究了 PYO 模式分散式供应链不同 BOPS 情形的定价、需求和利润，分析了实施各 BOPS 情形的可行性和条件，讨论了 BOPS 客户额外消费衍生利润等对 BOPS 实施的影响。研究得到，分散决策下单位补偿影响决策，具体为，BOPS 情形一中，单位补偿越高，供应链总利润越小，BOPS 情形三中，单位补偿影响利润在零售商和农民合作社之间的分配，单位补偿越高，零售商利润越小，农民合作社利润越大，BOPS 情形二和 BOPS 情形四中，单位补偿仅影响批发价，不影响需求与利润；BOPS 客户额外消费衍生利润的大小影响分散决策下情形一及情形二 BOPS 实施的决定；BOPS 情形一和情形二存在 BOPS 客户额外消费衍生利润，而情形三与情形四中不存在纯线下方式，因此无消费者额外消费利润，当 BOPS 客户额外消费衍生利润较高时，应优先考虑实施 BOPS 情形一和情形二，当不考虑 BOPS 客户额外消费衍生利润时，实施 BOPS 后农民合作社利润减少，但情形二中消费者对纯线上方式偏好较小的情况除外，当 BOPS 客户额外消费衍生利润较低时，应优先考虑实施 BOPS 情形二中消费者对纯线上方式偏好较小的情况。

第六章

PYO 模式全渠道农产品供应链策略分析

基于前文中 BOPS 具有可实施性的结论，根据 PYO 模式全渠道农产品供应链结构的特点和产品竞争特性，本章从投入因素视角出发，对 PYO 模式农产品供应链实施 BOPS 的运营策略进行研究。与零售商负责线下渠道—生产商负责线上渠道结构不同，农民合作社负责线下渠道—零售商负责线上渠道结构不具备一般性，而具有较强的特异性，仅限于面向特定消费群体的产品（如具有采摘体验的有机农产品）。进一步针对特异性有机农产品而言，当农民合作社经营 PYO 农场时，同时通过线上零售商实施 BOPS，在该情形中，较一般有机农产品而言，其价格相对于一般市场均衡价格具有较强的独立性，及该价格可以作为高于市场均衡价格的常量来处理。但相应的，资源禀赋的投入（生产性资源的投入、包括宣传等品牌性资源的投入、技术性资源的投入等）就是该结构下特异性农产品供应链需要考虑的主要因素。故而，基于投入因素来讨论该结构下实施 BOPS 的运营策略，这是与该结构特点和属性有相合性。以 BOPS 情形一为研究情境。具体地，以提供有机农产品的 PYO 模式全渠道农产品供应链为研究对象，构建农民合作社与线上零售商采用完全合作、不合作、成本分担、收益共享、综合模式五种运营策略时实施 BOPS 的模型，求解各策略下服务努力、有机种植努力、有机溯源技术努力等投入因素的最优决策，比较不同运营策略的效果，为有机农产品供应链提出相关运营策略与建议。

越来越多的 PYO 农场提供一般农产品或有机农产品供消费者在农场采摘[16]。Swanton 有机苹果园在苹果收获季节对外提供 U－Pick 苹果，消费者可在有机果园中采摘有机苹果，包括红富士等多种品种[128]。另外还有许多有机农场都提供了 PYO 方式，如加利福尼亚的 Wolfsen 农场可供消费者采摘有机蓝莓[129]。与一般农产品不同，在有机农产品的种植过程中可溶性矿物肥料、合成除草剂以及农药被禁止使用，有机农业减少二氧化碳等气体的排放，可改善土壤和水质[130]。有机农业被认为是对环境有益的可持续性生态系统。而且，有机水果和有机蔬菜中酚类化合物含量较一般水果蔬菜略高，利于健康，有助于降低患过敏性疾病、超重和肥胖的风险[131]。除此，有机食品中抗氧化剂的浓度高于非有机食品，有机食品中镉和农药残留等有毒重金属的含量较低[132,133]。随着生活质量的提高，人们的健康意识逐渐增强。与传统食品相比，具有健康意识的人更愿意购买有机食品，并且这种趋势在上升[134]。尽管有机农业的产量较低，但其经济盈利能力明显高于传统农业[135,136]。于农户而言，有机农业可以提高农户收入[137]。有机农业由于其自身优势，已引起农户和消费者的关注。2009 年，有机农业用地面积约占世界农业总面积的 1%，为 3750 万公顷，是 10 年前的 3.55 倍[138]。过去 20 年来，有机食品的消费量稳步上升[139]。

伴随 PYO 的流行，有机农场采摘也流行起来。因此，本章以提供有机农产品的 PYO 模式全渠道供应链为研究对象，研究由单农民合作社和单线上零售商组成的全渠道有机农产品供应链，该供应链为消费者提供三种购物方式，即 PYO、纯线上、BOPS。在有机农产品的种植和经营过程中存在一些注意事项。例如，有机农业对土壤有一定的要求，土壤养分管理可能会影响有机农产品的生产[137,140,141]，因此农民合作社有必要对土壤进行改良和管理。又如，有机农产品的溯源涉及供应链中的信息收集以及相应的技术和设备[142]。为此，农民合作社和线上零售商必须做出相应的努力，如有机种植努力和溯源努力，但同时也意味着农民合作社和线上零售商必须承担相应的成本。在此过程中，农民合作社和线上零售商需决策为种植有机农产品和有机农产品溯源所付出的努力，类似的，还包括宣传努力和服务努力。此外，由于 BOPS 方式的存在，农民合作社和线上零售商不再是单纯的竞争关系，还包括合作关系。在单零售商负责全渠道且渠道间分散决策的情况下，为缓解渠道冲突可以跨渠道共享 BOPS 收益[46]。但在本章中，农民合作社和线上零售商负责不同的渠道，农民合作社和线上零售商应采用何种运营策略共同经营全渠道供应链？根据完全合作、不合作、成本分担、收益共享、综合模式五种运营策略分别构建微分博弈模型来进行讨论。

本章研究了不同策略下 PYO 模式全渠道有机农产品供应链的最优决策问题，除供应链相关文献外，与本章相关的文献还有两类。一是关于有机农产品的研究，部分学者肯定了有机农业对可持续发展的积极意义，并提出了一些可持续发展战略[143,144]。Krystallis 和 Chryssohoidis（2005）通过实证方法研究了人们购买有机食品的意愿，发现食品质量和安全性、对认证的信任度以及部分产品的品牌影响消费者的购买意愿，而感官特征、价格和消费者的社会人口学特征则不影响[145]。这些研究主要采用了实证等方法，也有研究采用数理方法从供应链角度研究有机农产品。Longo 等（2017）采用生命周期评价方法，比较意大利北部有机苹果供应链和传统苹果供应链对能源和环境的影响[146]。Sazvar 等（2018）用数学规划方法比较了有机农产品供应链和传统农产品供应链对全球变暖、气候变化和社会健康的影响[147]。但以上文献均未对有机农产品供应链在全渠道供应链环境下的最优策略进行研究。本章基于微分博弈理论从供应链最优决策的角度研究有机农产品供应链 BOPS 实施的运营策略。且从研究对象方面来看，虽然 PYO 有机农场在现实生活中非常普遍和流行，但关于 PYO 有机农场的理论研究却很少。现有研究主要集中在如何经营 PYO 农场，以及影响消费者购买 PYO 产品的因素[5,13]，其中大部分为述评类或实证研究。本章以经营 PYO 有机农场的农民合作社作为供应链成员，构建优化模型进行研究。

二是博弈模型相关的研究。现有文献中，许多研究构建微分博弈模型来求解供应链的不同决策，如商誉[148]、动态广告[149,150]、碳排放[151,152]等。其中，He 等（2018）基于微分博弈模型，从参考质量的角度研究了 O2O 环境下农民合作社和零售商的最优决策[148]，与本章研究内容较接近。但是，其线下渠道由零售商负责，而本章中线下渠道由农民合作社负责，即农民合作社经营 PYO 有机农场。此外，其基于一般产品研究了参考质量对供应链决策的影响，而本章以有机农产品供应链为研究对象，根据 PYO 模式有机农产品全渠道供应链的特点，基于投入因素视角构建微分博弈模型探讨服务努力、有机种植努力、有机溯源技术努力、宣传努力，并比较不同运营策略对决策的影响。

一、模型描述与假设

由单个农民合作社和单个线上零售商组成的全渠道供应链中，消费者可以通过三种方式获得有机农产品。第一种，消费者可以前往 PYO 农场采摘有机农产品，享受采摘体验，此方式中，农民合作社经营 PYO 有机农场，简称纯线下方式，记为方式 s。第二种，消费者可以通过线上渠道购买有机农产品，并等待有机农产品配送，线上零售商以批发价 w 从农民合作社批发有机农产品，经营线上渠道并负责向消费者交付有机农产品，简称纯线上方式，记为方式 e。第三种，消费者可以在线上下单并支付，然后前往有机农场提货，此方式中，线上渠道由线上零售商经营，而消费者需前往农民合作社负责的 PYO 有机农场提货，简称 BOPS 方式，记为方式 b。

农民合作社需付出有机种植努力 $M(t)$ 种植有机农产品，包括改良土壤、控制害虫、记录有机农产品信息等。农民合作社为使消费者获得更好的采摘体验付出服务努力 S，包括装饰有机农场，为消费者提供剪刀、手套、果篮等采摘工具以方便采摘等。线上零售商为有机农产品溯源付出有机溯源技术努力 $E(t)$，包括购买相关设备、掌握技术、制作条形码或二维码以记录有机农产品的溯源信息等。线上零售商付出宣传努力 A 宣传有机农产品，包括通过图片、视频和文字等形式宣传有机农产品及展示其种植过程和所处环境。有机农产品供应链结构如图 6.1 所示。

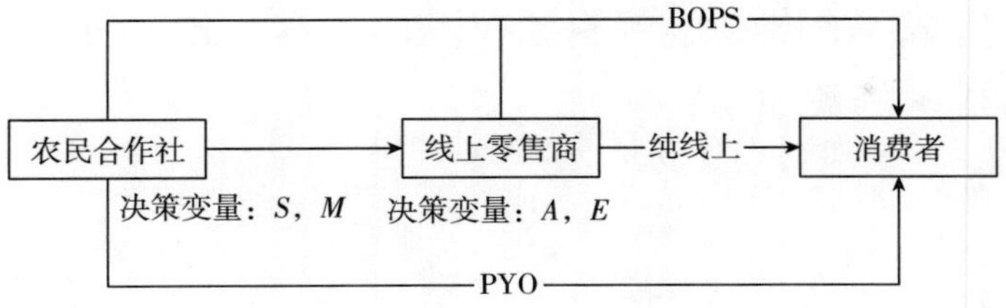

图 6.1　实施 BOPS 的 PYO 模式有机农产品供应链

假设 1：有机农产品的有机水平为一个状态变量，受有机种植努力和有机溯源技术努力的共同影响，借鉴 Nerlove - Arrow 模型[153,154]，其随时间变化的过程如下：

$$G(t) = \lambda M(t) + \gamma E(t) - \sigma G(t) \tag{6.1}$$

其中，$G(t)$ 表示有机农产品的有机水平，且当 $t = 0$ 时，$G(0) = G_0 > 0$。有机种植努力和有机溯源技术努力共同正向影响有机农产品的有机水平，即有机农产品种植过程中的有机水平以及信息溯源过程中的有机水平。由于种植设施和溯源设备老化等原因产生负面影响，有机农产品的有机水平随时间推移而下降。$\lambda > 0$ 表示有机种植努力对有机农产品有机水平的边际贡献率，$M(t)$ 表示农民合作社为种植有机农产品付出的有机种植努力，$\gamma > 0$ 表示有机溯源技术努力对有机农产品有机水平的边际贡献率，$E(t)$ 表示线上零售商为有机农产品的溯源付出的有机溯源技术努力。$\sigma > 0$ 表示有机农产品有机水平的衰退率。

假设 2：根据文献［149］［151］［152］，假设农民合作社的种植成本是关于其有机种植努力的凸函数，线上零售商的溯源技术成本是关于其有机溯源技术努力的凸函数。种植成本是指农民合作社在有机农产品种植过程中的成本，包括土壤改良成本、病虫害防治成本等；溯源技术成本是指线上零售商关于有机农产品溯源的所有成本，包括学习溯源技术的成本、相关设备采购成本等。具体成本函数如下：

$$C_M = \frac{K_M}{2}M(t)^2$$

$$C_E = \frac{K_E}{2}E(t)^2 \tag{6.2}$$

其中，C_M 和 C_E 分别表示农民合作社的种植成本和线上零售商的溯源技术成本，$K_M > 0$ 和 $K_E > 0$ 分别表示种植成本和溯源技术成本的成本系数。

假设 3：假设农民合作社的服务成本是其服务努力的凸函数，线上零售商的宣传成本是其宣传努力的凸函数。服务成本包括农民合作社装饰 PYO 农场的成本、提供采摘工具和相应服务等成本；宣传成本包括线上零售商收集、设计和制作相应的宣传图片、文本和视频等成本。具体成本函数如下：

$$C_S = \frac{K_S}{2}S(t)^2$$

$$C_A = \frac{K_A}{2}A(t)^2 \tag{6.3}$$

其中，C_S 和 C_A 分别表示农民合作社的服务成本和线上零售商的宣传成本，$K_S > 0$ 和 $K_A > 0$ 分别表示服务成本和宣传成本的成本系数。

假设 4：有机农产品的需求受有机农产品有机水平和宣传努力的影响，此外，PYO 方式和 BOPS 方式下有机农产品的需求还受农民合作社服务努力的影响。不同购物方式的需求可以表示为：

$$q_i=\begin{cases}\alpha_i+\beta S(t)+\eta[G(t)+\varepsilon A(t)] & i=s\\ \alpha_i+\eta[G(t)+A(t)] & i=e\\ \alpha_i+\varepsilon\beta S(t)+\eta[G(t)+A(t)] & i=b\end{cases}\tag{6.4}$$

其中，q_i 表示不同购物方式 i 下有机农产品的需求，$\alpha_i>0$ 表示购买方式 i 在有机水平为零、不进行宣传不提供服务时的潜在市场容量，$\beta>0$ 表示服务水平对需求的影响，$\eta>0$ 表示消费者对有机农产品的偏好，$\varepsilon>0$ 表示渠道间的交叉影响。

假设 5：假设农民合作社和线上零售商在无限时间范围内任意时刻具有相同的正贴现率，并基于完全信息理性决策。其目标为在无限时间范围内获得最大化自身利润的策略。因农民合作社和线上零售商在无限时间范围内面临相同的博弈，模型中参数均与时间无关，为方便书写，稍后将其省略。其利润函数如下：

$$J_o=\int_0^{\infty}e^{-\rho t}\left[p_o(q_e+q_b)-\frac{1}{2}K_A A^2-\frac{1}{2}K_E E^2\right]\mathrm{d}t\tag{6.5}$$

$$J_f=\int_0^{\infty}e^{-\rho t}\left[p_f q_s+w(q_e+q_b)-\frac{1}{2}K_M M^2-\frac{1}{2}K_S S^2\right]\mathrm{d}t\tag{6.6}$$

式（6.5）和式（6.6）中，J_f 表示农民合作社的长期利润，J_o 表示线上零售商的长期利润，J 表示供应链的长期利润，$\rho>0$ 表示贴现率，p_f 表示线下购物方式即 PYO 方式下农民合作社的边际收益率，p_o 表示线上购物方式即纯线上方式与 BOPS 方式下线上零售商的边际收益率，因纯线上方式与 BOPS 方式时线上售价相同，且此时未考虑成本，因此假设两种方式下线上零售商的边际收益率相同，w 表示有机农产品的批发价格。本章使用的符号及相关说明如表 6.1 所示。

表 6.1　本章所用符号及相关说明

符号	说明
λ	有机种植努力对有机农产品有机水平的边际贡献率，$\lambda>0$
γ	有机溯源技术努力对有机农产品有机水平的边际贡献率，$\gamma>0$
σ	有机农产品有机水平的衰退率，$\sigma>0$
C_M，C_E	农民合作社的种植成本，线上零售商的溯源技术成本，$C_M>0$，$C_E>0$
K_M，K_E	种植成本的成本系数，溯源技术成本的成本系数，$K_M>0$，$K_E>0$
C_S，C_A	农民合作社的服务成本，线上零售商的宣传成本，$C_S>0$，$C_A>0$
K_S，K_A	服务成本的成本系数，宣传成本的成本系数，$K_S>0$，$K_A>0$
α_i	购买方式 i 的潜在市场容量，$\alpha_i>0$
β	服务努力对需求的影响，$\beta>0$
η	消费者对有机农产品的偏好，$\eta>0$
ε	渠道间的交叉影响，$\varepsilon>0$
p_f	线下购物方式下农民合作社的边际收益率，$p_f>0$
p_o	线上下单方式下线上零售商的边际收益率，$p_o>0$
t，ρ	时间，贴现率且 $\rho>0$
ψ，μ	溯源技术成本分担率，$0\leqslant\psi\leqslant1$，收益共享比例，$0\leqslant\mu\leqslant1$
$M(t)$，S	农民合作社的有机种植努力，农民合作社的服务努力
$E(t)$，A	线上零售商的有机溯源技术努力，线上零售商的宣传努力
$G(t)$	有机农产品的有机水平
J_f，J_o，J	农民合作社、线上零售商、供应链的长期利润

本章根据五种不同运营策略构建模型来求解最优决策和利润，不同策略的假设及条件如表 6.2 所示。

表 6.2　五种运营策略下的假设及条件

运营策略	成员	模式名	目标
完全合作，决策目标相同	农民合作社、线上零售商	集中决策模式	有机农产品供应链利润最大化
完全不合作		完全分散决策模式	自身利润最大化
共同分担溯源成本		成本分担分散决策模式	
共享收益		收益共享分散决策模式	
共同分担溯源成本与共享收益		综合契约分散决策模式	

二、相关运营策略

（一）集中决策模型

在集中决策模式下农民合作社和线上零售商共同决策以实现有机农产品供应链的利润最大化，决策变量包括有机种植努力、有机溯源技术努力、宣传努力和服务努力。此模式用上标 c 表示，决策模型如下。

$$\max_{A,S,E,M} J^c = \int_0^{\infty} e^{-\rho t}\Big((p_o + w)(q_e + q_b) + p_f q_s - \frac{1}{2}K_A A^2 - \frac{1}{2}K_E E^2 - \frac{1}{2}K_S S^2 - \frac{1}{2}K_M M^2\Big)\mathrm{d}t \tag{6.7}$$

命题 6.1　在集中决策模式下，有机溯源技术努力、有机种植努力、服务努力和宣传努力的最优均衡策略如下：

$$E^c = \frac{(2w + p_f + 2p_o)\eta\gamma}{(\rho + \sigma)K_E}$$

$$M^c = \frac{(2w + p_f + 2p_o)\eta\lambda}{(\rho + \sigma)K_M}$$

$$S^c = \frac{(\varepsilon w + p_f + \varepsilon p_o)\beta}{K_S}$$

$$A^c = \frac{(2w + \varepsilon p_f + 2p_o)\eta}{K_A} \tag{6.8}$$

在集中决策模式下有机溯源技术努力、有机种植努力、服务努力和宣传努力的最优均衡策略与线下边际收益率、线上边际收益率、批发价格成正比，分别与各自的成本系数成反比。此外，有机种植努力和有机溯源技术努力与消费者对有机农产品的偏好成正比。有机种植努力与有机种植努力对有机水平的边际贡献率成正比，有机溯源技术努力与有机溯源技术努力对有机水平的边际贡献率成正比。有机种植努力和有机溯源技术努力与贴现率和有机水平衰减率成反比。宣传努力和服务努力与渠道间的交叉影响成正比。宣传努力与消费者对有机农产品的偏好成正比。服务努力与服务水平对需求的影响成正比。

命题 6.2 在集中决策模式下有机农产品有机水平的最优轨迹为：

$$G^c(t)=G_{RSS}^c+(G_0-G_{RSS}^c)e^{-\sigma t} \tag{6.9}$$

其中，$G_{RSS}^c=\frac{2w+p_f+2p_o}{\rho+\sigma}\left(\frac{\gamma^2}{K_E}+\frac{\lambda^2}{K_M}\right)\eta$ 为有机农产品有机水平的稳态值（$t\rightarrow\infty$）。

在集中决策模式下有机农产品有机水平的最优轨迹是单调的。当 $G_0<G_{RSS}^c$时，有机农产品有机水平的最优轨迹单调递增；当 $G_0>G_{RSS}^c$时，有机农产品有机水平的最优轨迹单调递减。

命题 6.3 在集中决策模式下有机农产品供应链的整体长期利润为：

$$J^c=a_1^cG_0+(\alpha_e+\alpha_b)(w+p_o)+p_f\alpha_s+\frac{(\varepsilon w+\varepsilon p_o+p_f)^2\beta^2}{2K_S}+\frac{(\varepsilon p_f+2w+2p_o)^2\eta^2}{2K_A}+\left(\frac{\lambda^2}{K_M}+\frac{\gamma^2}{K_E}\right)\frac{a_1^{c2}}{2} \tag{6.10}$$

证明： 有机农产品供应链的目标函数为：

$$J^c(E,M,S,A)=e^{-\rho t}V^c(E,M) \tag{6.11}$$

根据最优控制理论，对于任意的 $E\geqslant 0$ 和 $M\geqslant 0$，$V^c(E, M)$ 存在 Hamilton - Jacobi - Bellman 方程，即

$$\rho V^c(E, M) = \max_{A,S,E,M}\Big((p_o + w)(q_e + q_b) + p_f q_s - \frac{1}{2}K_A A^2 - \frac{1}{2}K_E E^2 - \frac{1}{2}K_S S^2 - \frac{1}{2}K_M M^2 + V^{c'}(\lambda M + \gamma E - \sigma G)\Big) \tag{6.12}$$

求解最优决策相关的一阶条件：

$$\frac{\partial\rho V^c(E, M)}{\partial A} = 0, \quad \frac{\partial\rho V^c(E, M)}{\partial S} = 0,$$

$$\frac{\partial\rho V^c(E, M)}{\partial E} = 0, \quad \frac{\partial\rho V^c(E, M)}{\partial M} = 0 \tag{6.13}$$

得到：

$$E^c = \frac{\gamma V^{c'}}{K_E}, \quad M^c = \frac{\lambda V^{c'}}{K_M},$$

$$S^c = \frac{(\varepsilon w + p_f + \varepsilon p_o)\beta}{K_S}, \quad A^c = \frac{(2w + \varepsilon p_f + 2p_o)\eta}{K_A} \tag{6.14}$$

将式（6.14）代入式（6.12），得到式（6.15）：

$$\rho V^c(E, M) = (2\eta p_o + (p_f + 2w)\eta - V^{c'}\sigma)G_0 + (\alpha_e + \alpha_b)(p_o + w) + \alpha_s p_f + \frac{\beta^2(w\varepsilon + \varepsilon p_o + p_f)^2}{2K_S} + \frac{\eta^2(\varepsilon p_f + 2w + 2p_o)^2}{2K_A} + \frac{(\gamma V^{c'})^2}{2K_E} + \frac{(\lambda V^{c'})^2}{2K_M} \tag{6.15}$$

令 $V^c(E, M)$ 为关于 G_0 的线性函数，

$$V^c(E, M) = a_1^c G_0 + a_2^c \tag{6.16}$$

其中，a_1^c 和 a_2^c 为待定系数。

由式（6.15）和式（6.16），得到：

$$a_1^c=\frac{(2w+2p_o+p_f)\eta}{\rho+\sigma},$$

$$a_2^c=(\alpha_e+\alpha_b)(p_o+w)+p_f\alpha_s+\frac{(\varepsilon w+\varepsilon p_o+p_f)^2\beta^2}{2K_S}+\frac{(\varepsilon p_f+2w+2p_o)^2\eta^2}{2K_A}+\left(\frac{\lambda^2}{K_M}+\frac{\gamma^2}{K_E}\right)\frac{a_1^{c\,2}}{2} \tag{6.17}$$

根据 $V^{c'}=a_1^c$，将式（6.17）代入式（6.1）、式（6.14）和式（6.16），得到有机农产品供应链在集中决策模式下的最优决策式（6.8）、式（6.9）、式（6.10）。

（二）完全分散决策模型

在完全分散决策模式下农民合作社和线上零售商决策目标为实现自身利润最大化，决策变量包括有机种植努力、有机溯源技术努力、宣传努力和服务努力等决策。此模式用上标 d 表示。假设农民合作社先决定有机种植努力和服务努力，线上零售商再决定有机溯源技术努力和宣传努力。该决策模型为双层规划模型，如下：

$$\begin{cases}\max\limits_{S,M}J_f=\int_0^{\infty}e^{-\rho t}\left(p_fq_s+w(q_e+q_b)-\frac{1}{2}K_MM^2-\frac{1}{2}K_SS^2\right)\mathrm{d}t\\ \text{s.t. }\max\limits_{A,E}J_o=\int_0^{\infty}e^{-\rho t}\left(p_o(q_e+q_b)-\frac{1}{2}K_AA^2-\frac{1}{2}K_EE^2\right)\mathrm{d}t\end{cases} \tag{6.18}$$

命题 6.4 在完全分散决策模式下农民合作社的有机种植努力、服务努力，线上零售商的有机溯源技术努力、宣传努力的最优均衡策略如下：

$$E^d=\frac{2\eta\gamma p_o}{(\rho+\sigma)K_E},\ M^d=\frac{(2w+p_f)\eta\lambda}{(\rho+\sigma)K_M},$$

$$S^{d}=\frac{(\varepsilon w+p_{f})\beta}{K_{S}},\ A^{d}=\frac{2\eta p_{o}}{K_{A}} \tag{6.19}$$

在完全分散决策模式下有机溯源技术努力、有机种植努力、服务努力和宣传努力的最优均衡策略分别与各自的成本系数成反比。有机种植努力和有机溯源技术努力均与消费者对有机农产品的偏好成正比。有机种植努力与有机种植努力对有机水平的边际贡献率成正比，有机溯源技术努力与有机溯源技术努力对有机水平的边际贡献率成正比。有机种植努力和有机溯源技术努力与贴现率和有机水平衰减率成反比。宣传努力与消费者对有机农产品的偏好成正比。服务努力与服务水平对需求的影响和渠道间的交叉影响成正比。农民合作社的最优均衡策略，包括有机种植努力和服务努力，与线下边际收益率和批发价格成正比。线上零售商的最优均衡策略，包括有机溯源技术努力和宣传努力，与线上边际收益率成正比。

命题 6.5　在完全分散决策模式下有机农产品的有机水平最优轨迹为：

$$G^{d}(t)=G_{RSS}^{d}+(G_{0}-G_{RSS}^{d})e^{-\sigma t} \tag{6.20}$$

其中，$G_{RSS}^{d}=\frac{\eta}{\rho+\sigma}\left(\frac{2\gamma^{2}p_{o}}{K_{E}}+\frac{(2w+p_{f})\lambda^{2}}{K_{M}}\right)$为有机农产品有机水平的稳态值（$t\rightarrow\infty$）。

在完全分散决策模式下有机农产品的有机水平最优轨迹的性质与集中决策模式相同。

命题 6.6　在完全分散决策模式下农民合作社的长期利润、线上零售商的长期利润和有机供应链的整体长期利润为：

$$J_{f}^{d}=a_{1}^{d}G_{0}+(\alpha_{e}+\alpha_{b})w+\alpha_{s}p_{f}+\frac{\beta^{2}(w\varepsilon+p_{f})^{2}}{2K_{S}}+\frac{2(p_{f}\varepsilon+2w)\eta^{2}p_{o}}{K_{A}}+$$

$$\left(\frac{a_1^d\lambda^2}{2K_M}+\frac{b_1^d\gamma^2}{K_E}\right)a_1^d \tag{6.21}$$

$$J_o^d=b_1^dG_0+(\alpha_e+\alpha_b)p_o+\frac{(w\varepsilon+p_f)\varepsilon\beta^2p_o}{K_S}+\frac{2\eta^2p_o^2}{K_A}+\left(\frac{a_1^d\lambda^2}{K_M}+\frac{b_1^d\gamma^2}{2K_E}\right)b_1^d \tag{6.22}$$

$$J^d=(a_1^d+b_1^d)G_0+(\alpha_e+\alpha_b)(w+p_o)+\alpha_sp_f+\frac{\beta^2(w\varepsilon+p_f)(w\varepsilon+p_f+2\varepsilon p_o)}{2K_S}+\frac{2(p_f\varepsilon+2w+p_o)\eta^2p_o}{K_A}+\frac{a_1^d\lambda^2}{K_M}\left(\frac{a_1^d}{2}+b_1^d\right)+\frac{b_1^d\gamma^2}{K_E}\left(a_1^d+\frac{b_1^d}{2}\right) \tag{6.23}$$

证明：农民合作社的目标函数为：

$$J_f^d(M, S)=e^{-\rho t}V_f^d(E, M) \tag{6.24}$$

线上零售商的目标函数为：

$$J_o^d(E, A)=e^{-\rho t}V_o^d(E, M) \tag{6.25}$$

根据最优控制理论，对于任意的 $E\geqslant 0$ 和 $M\geqslant 0$，$V_f^d(E, M)$ 和 $V_o^d(E, M)$ 存在 Hamilton - Jacobi - Bellman 方程：

$$\rho V_f^d(E, M)=\max_{S,M}\left(p_fq_s+w(q_e+q_b)-\frac{1}{2}K_MM^2-\frac{1}{2}K_SS^2+V_f^{d'}(\lambda M+\gamma E-\sigma G)\right) \tag{6.26}$$

$$\rho V_o^d(E, M)=\max_{A,E}\left(p_o(q_e+q_b)-\frac{1}{2}K_AA^2-\frac{1}{2}K_EE^2+V_o^{d'}(\lambda M+\gamma E-\sigma G)\right) \tag{6.27}$$

利用逆向求解法，先求解线上零售商最优决策相关的一阶条件：

$$\frac{\partial\rho V_o{}^d(E, M)}{\partial A}=0，\frac{\partial\rho V_o^d(E, M)}{\partial E}=0 \tag{6.28}$$

求解式（6.28），得到：

$$E^d = \frac{\gamma V_o^{d'}}{K_E}，A^d = \frac{2\eta p_o}{K_A} \tag{6.29}$$

将式（6.29）代入式（6.26），求解农民合作社最优决策相关的一阶条件：

$$\frac{\partial \rho V_f^d(E, M)}{\partial S} = 0，\frac{\partial \rho V_f^d(E, M)}{\partial M} = 0 \tag{6.30}$$

得到：

$$S^d = \frac{(\varepsilon w + p_f)\beta}{K_S}，M^d = \frac{\lambda V_f^{d'}}{K_M} \tag{6.31}$$

将式（6.29）、式（6.31）代入式（6.26）、式（6.27），得到式（6.32）、式（6.33）：

$$\rho V_f^d(E, M) = ((2w + p_f)\eta - \sigma V_f^{d'})G_0 + (\alpha_e + \alpha_b)w + \alpha_s p_f + \frac{\beta^2(w\varepsilon + p_f)^2}{2K_S} + \frac{2(p_f\varepsilon + 2w)\eta^2 p_o}{K_A} + \frac{\lambda^2(V_f^{d'})^2}{2K_M} + \frac{\gamma^2 V_f^{d'} V_o^{d'}}{K_E} \tag{6.32}$$

$$\rho V_o^d(E, M) = (2p_o\eta - \sigma V_o^{d'})G_0 + (\alpha_e + \alpha_b)p_o + \frac{(w\varepsilon + p_f)\varepsilon\beta^2 p_o}{K_S} + \frac{2\eta^2 p_o^2}{K_A} + \frac{\lambda^2 V_f^{d'} V_o^{d'}}{K_M} + \frac{\gamma^2(V_o^{d'})^2}{2K_E} \tag{6.33}$$

令 $V_f^d(E, M)$ 和 $V_o^d(E, M)$ 为关于 G_0 的线性函数，

$$V_f^d(E, M) = a_1^d G_0 + a_2^d \tag{6.34}$$

$$V_o^d(E, M) = b_1^d G_0 + b_2^d \tag{6.35}$$

其中，a_1^d、a_2^d、b_1^d、b_2^d 为待定系数。

由式（6.32）、式（6.33）、式（6.34）、式（6.35），得到：

$$a_1^d = \frac{(2w + p_f)\eta}{\rho + \sigma}，b_1^d = \frac{2p_o\eta}{\rho + \sigma}，$$

$$a_2^d = (\alpha_e + \alpha_b) w + \alpha_s p_f + \frac{\beta^2 (w\varepsilon + p_f)^2}{2K_S} + \frac{2(p_f\varepsilon + 2w)\eta^2 p_o}{K_A} + \frac{\lambda^2 (a_1^d)^2}{2K_M} + \frac{\gamma^2 a_1^d b_1^d}{K_E},$$

$$b_2^d = (\alpha_e + \alpha_b) p_o + \frac{(w\varepsilon + p_f)\varepsilon\beta^2 p_o}{K_S} + \frac{2\eta^2 p_o^2}{K_A} + \frac{\lambda^2 a_1^d b_1^d}{K_M} + \frac{\gamma^2 (b_1^d)^2}{2K_E} \tag{6.36}$$

根据 $V_f^{d'} = a_1^d$ 和 $V_o^{d'} = b_1^d$，将式（6.36）代入式（6.1）、式（6.29）、式（6.31）、式（6.34）和式（6.35），可得完全分散决策模式下农民合作社和线上零售商的最优决策式（6.19）至式（6.23）。

（三）成本分担分散决策模型

在全渠道供应链系统中农民合作社与线上零售商的关系是复杂的，不再是单纯的竞争关系。线上零售商为实现有机信息溯源所做的溯源技术努力不仅利于自身且利于农民合作社。通过纯线下、BOPS 购物方式获得有机农产品的消费者可以在线上获取相关的有机溯源信息。此模式下假设农民合作社与线上零售商共同分担信息溯源成本。

根据溯源技术成本共享原则，农民合作社分担比例 ψ（$0 \leqslant \psi \leqslant 1$）的溯源技术成本，线上零售商承担比例 $1-\psi$ 的溯源技术成本。农民合作社先决定有机种植努力、服务努力以及溯源技术成本分担率，线上零售商再决定有机溯源技术努力和宣传努力，各自以实现自身利润最大化为决策目标。此模式用上标 i 表示。该决策模型为双层规划模型，如下：

$$\begin{cases}\max\limits_{S,M,\psi} J_f = \int_0^{\infty} e^{-\rho t}\left[p_f q_s + w(q_e + q_b) - \frac{1}{2}K_M M^2 - \frac{1}{2}K_S S^2 - \frac{1}{2}\psi K_e E^2\right]\mathrm{d}t \\ \text{s. t. } \max\limits_{A,E} J_o = \int_0^{\infty} e^{-\rho t}\left[p_o(q_e + q_b) - \frac{1}{2}K_A A^2 - \frac{1}{2}(1-\psi)K_E E^2\right]\mathrm{d}t\end{cases} \tag{6.37}$$

命题 6.7 在具有溯源技术成本分担契约的分散决策模式下农民合作社的有机种植努力、服务努力、溯源技术成本分担率，线上零售商的有机溯源技术努力、宣传努力的最优均衡策略如下：

$$E^i = \frac{\eta\gamma(2w + p_f + p_o)}{(\rho + \sigma)K_E},\ M^i = \frac{(2w + p_f)\eta\lambda}{(\rho + \sigma)K_M},$$

$$S^i = \frac{(\varepsilon w + p_f)\beta}{K_S},\ A^i = \frac{2\eta p_o}{K_A},$$

$$\psi^i = \begin{cases}\dfrac{2w + p_f - p_o}{2w + p_f + p_o},\ 2w + p_f > p_o \\ 0,\ 2w + p_f < p_o\end{cases} \tag{6.38}$$

在成本分担分散决策模式下有机溯源技术努力与消费者对有机农产品的偏好、线下边际收益率、线上边际收益率、批发价格以及溯源技术努力对有机水平的影响成正比。有机溯源技术努力与贴现率、有机水平衰减率及其成本系数成反比。溯源技术成本分担率与线上边际收益率、批发价格成正比，与线下边际收益率成反比。

命题 6.8 在成本分担分散决策模式下有机农产品的有机水平最优轨迹为：

$$G^i(t) = G^i_{RSS} + (G_0 - G^i_{RSS})e^{-\sigma t} \tag{6.39}$$

其中，$G^i_{RSS} = \dfrac{\eta}{\rho + \sigma}\left(\dfrac{(2w + p_f + p_o)\gamma^2}{K_E} + \dfrac{(2w + p_f)\lambda^2}{K_M}\right)$为有机农

产品有机水平的稳态值($t \to \infty$)。

在成本分担分散决策模式下有机农产品的有机水平最优轨迹的性质与集中决策模式相同。

命题 6.9 在成本分担分散决策模式下农民合作社长期利润、线上零售商长期利润和有机农产品供应链的整体长期利润为:

$$J_f^i = a_1^i G_0 + (\alpha_e + \alpha_b) w + p_f \alpha_s + \frac{2p_o \eta^2 (p_f \varepsilon + 2w)}{K_A} + \frac{\beta^2 (w\varepsilon + p_f)^2}{2K_S} + \frac{\lambda^2 (a_1^i)^2}{2K_M} + \frac{\gamma^2 (2a_1^i + b_1^i)^2}{8K_E} \tag{6.40}$$

$$J_o^i = b_1^i G_0 + (\alpha_e + \alpha_b) p_o + \frac{2\eta^2 p_o^2}{K_A} + \frac{\varepsilon \beta^2 p_o (w\varepsilon + p_f)}{K_S} + \frac{a_1^i b_1^i \lambda^2}{K_M} + \frac{(2a_1^i + b_1^i) b_1^i \gamma^2}{4K_E} \tag{6.41}$$

$$J^i = (a_1^i + b_1^i) G_0 + (\alpha_e + \alpha_b)(w + p_o) + \alpha_s p_f + \frac{\beta^2 (w\varepsilon + p_f)(w\varepsilon + p_f + 2\varepsilon p_o)}{2K_S} + \frac{2(p_f \varepsilon + 2w + p_o)\eta^2 p_o}{K_A} + \frac{a_1^i \lambda^2}{K_M}\left(\frac{a_1^i}{2} + b_1^i\right) + \frac{\gamma^2 (2a_1^i + b_1^i)}{8K_E}(2a_1^i + 3b_1^i) \tag{6.42}$$

证明: 农民合作社的目标函数为:

$$J_f^i(M, S, \psi) = e^{-\rho t} V_f^i(E, M) \tag{6.43}$$

线上零售商的目标函数为:

$$J_o^i(E, A) = e^{-\rho t} V_o^i(E, M) \tag{6.44}$$

根据最优控制理论,对于任意的 $E \geqslant 0$ 和 $M \geqslant 0$,$V_f^i(E, M)$ 和 $V_o^i(E, M)$ 存在 Hamilton - Jacobi - Bellman 方程:

$$\rho V_f^i(E, M) = \max_{S, M, \psi} \Big(p_f q_s + w(q_e + q_b) - \frac{1}{2} K_M M^2 - \frac{1}{2} K_S S^2 -$$

$$\frac{1}{2}\psi K_E E^2 + V_f^{i'}(\lambda M + \gamma E - \sigma G)\Big) \tag{6.45}$$

$$\rho V_o^i(E, M) = \max_{A,E}\Big(p_o(q_e + q_b) - \frac{1}{2}K_A A^2 - \frac{1}{2}(1-\psi)K_E E^2 + V_o^{i'}(\lambda M + \gamma E - \sigma G)\Big) \tag{6.46}$$

利用逆向求解法，先求解线上零售商最优决策相关的一阶条件：

$$\frac{\partial \rho V_o^i(E, M)}{\partial A} = 0, \quad \frac{\partial \rho V_o^i(E, M)}{\partial E} = 0 \tag{6.47}$$

求解式（6.47），得到：

$$E^i = \frac{\gamma V_o^{i'}}{(1-\psi)K_E}, \quad A^i = \frac{2\eta p_o}{K_A} \tag{6.48}$$

将式（6.48）代入式（6.45），求解农民合作社最优决策相关的一阶条件：

$$\frac{\partial \rho V_f^i(E, M)}{\partial S} = 0, \quad \frac{\partial \rho V_f^i(E, M)}{\partial M} = 0, \quad \frac{\partial \rho V_f^i(E, M)}{\partial \psi} = 0 \tag{6.49}$$

得到：

$$S^i = \frac{(\varepsilon w + p_f)\beta}{K_S}, \quad M^i = \frac{\lambda V_f^{i'}}{K_M}, \quad \psi^i = \frac{2V_f^{i'} - V_o^{i'}}{2V_f^{i'} + V_o^{i'}} \tag{6.50}$$

将式（6.50）代入式（6.48），再代入式（6.45）、式（6.46），得到式（6.51）、式（6.52）：

$$\rho V_f^i(E, M) = ((2w + p_f)\eta - \sigma V_f^{i'})G_0 + (\alpha_e + \alpha_b)w + \alpha_s p_f + \frac{\beta^2(w\varepsilon + p_f)^2}{2K_S} + \frac{(p_f\varepsilon + 2w)\eta^2 p_o}{K_A} + \frac{\lambda^2(V_f^{i'})^2}{2K_M} + \frac{\gamma^2(2V_f^{i'} + V_o^{i'})^2}{8K_E} \tag{6.51}$$

$$\rho V_o^i(E, M) = (2p_o\eta - \sigma V_o^{i'})G_0 + (\alpha_e + \alpha_b)p_o + \frac{(w\varepsilon + p_f)\varepsilon\beta^2 p_o}{K_S} +$$

$$\frac{2\eta^2 p_o^2}{K_A}+\frac{\lambda^2 V_f^{i'} V_o^{i'}}{K_M}+\frac{\gamma^2 V_o^{i'}(2V_f^{i'}+V_o^{i'})}{4K_E} \tag{6.52}$$

令 $V_f^i(E, M)$ 和 $V_o^i(E, M)$ 为关于 G_0 的线性函数,

$$V_f^i(E, M)=a_1^i G_0+a_2^i \tag{6.53}$$

$$V_o^i(E, M)=b_1^i G_0+b_2^i \tag{6.54}$$

其中,a_1^i、a_2^i、b_1^i、b_2^i 为待定系数。

由式(6.51)、式(6.52)、式(6.53)、式(6.54),得到:

$$a_1^d=\frac{(2w+p_f)\eta}{\rho+\sigma},\quad b_1^d=\frac{2p_o\eta}{\rho+\sigma},$$

$$a_2^i=(\alpha_e+\alpha_b)w+\alpha_s p_f+\frac{\beta^2(w\varepsilon+p_f)^2}{2K_S}+\frac{(p_f\varepsilon+2w)\eta^2 p_o}{K_A}+\frac{\lambda^2(a_1^i)^2}{2K_M}+\frac{\gamma^2(2a_1^i+b_1^i)^2}{8K_E},$$

$$b_2^i=(\alpha_e+\alpha_b)p_o+\frac{(w\varepsilon+p_f)\varepsilon\beta^2 p_o}{K_S}+\frac{2\eta^2 p_o^2}{K_A}+\frac{\lambda^2 a_1^i b_1^i}{K_M}+\frac{\gamma^2 b_1^i(2a_1^i+b_1^i)}{4K_E} \tag{6.55}$$

根据 $V_f^{i'}=a_1^i$ 和 $V_o^{i'}=b_1^i$,将式(6.55)代入式(6.1)、式(6.48)、式(6.50)、式(6.53)和式(6.54),可得成本分担分散决策模式下农民合作社和线上零售商的最优决策式(6.38)至式(6.42)。

(四)收益共享分散决策模型

在 BOPS 方式中,消费者在线上下单并完成支付,然后前往有机 PYO 农场取货。由于涉及线上线下渠道间的融合,农民合作社和线上零售商之间存在合作关系。假设该模式下,农民合作

社和线上零售商采用收益共享契约合作，共享 BOPS 购物方式的收益。农民合作社分享比例μ（$0\leqslant\mu\leqslant1$）的 BOPS 收益，线上零售商分享比例$1-\mu$的 BOPS 收益。农民合作社先决定有机种植努力和服务努力，线上零售商再决定有机溯源技术努力和宣传努力，以实现自身利润最大化为决策目标。此模式由上标r表示。该决策模型为双层规划模型，如下：

$$\begin{cases}\max\limits_{S,M}J_f=\int_0^{\infty}e^{-\rho t}\left(p_fq_s+w(q_e+q_b)+\mu p_oq_b-\dfrac{1}{2}K_MM^2-\dfrac{1}{2}K_SS^2\right)\mathrm{d}t\\ \text{s. t. }\max\limits_{A,E}J_o=\int_0^{\infty}e^{-\rho t}\left(p_oq_e+(1-\mu)p_oq_b-\dfrac{1}{2}K_AA^2-\dfrac{1}{2}K_EE^2\right)\mathrm{d}t\end{cases}\tag{6.56}$$

命题 6.10 在收益共享分散决策模式下农民合作社的有机种植努力、服务努力，线上零售商的有机溯源技术努力、宣传努力的最优均衡策略如下：

$$E^r=\frac{\eta\gamma(2-\mu)p_o}{(\rho+\sigma)K_E},\ M^r=\frac{(2w+p_f+\mu p_o)\eta\lambda}{(\rho+\sigma)K_M},$$

$$S^r=\frac{(\varepsilon w+p_f+\mu\varepsilon p_o)\beta}{K_S},\ A^r=\frac{(2-\mu)\eta p_o}{K_A}\tag{6.57}$$

在收益共享分散决策模式下，有机溯源技术努力、有机种植努力、服务努力和宣传努力的最优均衡策略分别与各自的成本系数成反比。有机种植努力和有机溯源技术努力与消费者对有机农产品的偏好成正比。有机种植努力与有机种植努力对有机水平的边际贡献率成正比，有机溯源技术努力与有机溯源技术努力对有机水平的边际贡献率成正比。有机种植努力、有机溯源技术努力分别与贴现率、有机水平衰减率成反比。宣传努力与消费者对有机农产品的偏好成正比。服务努力分别与服务水平对需求的影响、渠道间的交叉影响成正比。农民合作社的最优均衡策略分别与线下边际收益率、批发价格和分享收入成正比。线上零售商的最优均衡策略与线上边际收益率成正比，与 BOPS 收益共享率成反比。

命题 6.11 在收益共享分散决策模式下有机农产品有机水平最优轨迹为：

$$G^r(t)=G^r_{RSS}+(G_0-G^r_{RSS})e^{-\sigma t} \tag{6.58}$$

其中，$G^r_{RSS}=\dfrac{\eta}{\rho+\sigma}\left(\dfrac{(2-\mu)p_o\gamma^2}{K_E}+\dfrac{(2w+p_f+\mu p_o)\lambda^2}{K_M}\right)$为有机农产品的有机水平的稳态值（$t\to\infty$）。

在收益共享分散决策模式下有机农产品的有机水平最优轨迹的性质与集中决策相同。

命题 6.12 在收益共享分散决策模式下农民合作社的长期利润、线上零售商的长期利润和有机农产品供应链的整体长期利润为：

$$J^r_f=a^r_1G_0+p_o\alpha_b\mu+(\alpha_e+\alpha_b)w+p_f\alpha_s+\frac{\beta^2(\mu\varepsilon p_o+w\varepsilon+p_f)^2}{2K_S}+\frac{(2-\mu)(p_f\varepsilon+p_o\mu+2w)p_o\eta^2}{K_A}+a^r_1\left(\frac{b^r_1\gamma^2}{K_E}+\frac{a^r_1\lambda^2}{2K_M}\right) \tag{6.59}$$

$$J^r_o=b^r_1G_0+(\alpha_b-\mu\alpha_b+\alpha_e)p_o+b^r_1\left(\frac{b^r_1\gamma^2}{2K_E}+\frac{a^r_1\lambda^2}{K_M}\right)+\frac{p_o^2\eta^2(2-\mu)^2}{2K_A}+\frac{(1-\mu)p_o\varepsilon\beta^2[\varepsilon\mu p_o+\beta^2(w\varepsilon+p_f)]}{K_S} \tag{6.60}$$

$$J^r=(a^r_1+b^r_1)G_0+(\alpha_b+\alpha_e)(w+p_o)+p_f\alpha_s+\frac{(2-\mu)((\mu+2)p_o+2p_f\varepsilon+4w)p_o\eta^2}{2K_A}+\frac{(\mu\varepsilon p_o+w\varepsilon+p_f)((2-\mu)\varepsilon p_o+w\varepsilon+p_f)\beta^2}{2K_S}+a^r_1\left(\frac{b^r_1\gamma^2}{K_E}+\frac{a^r_1\lambda^2}{2K_M}\right)+b^r_1\left(\frac{b^r_1\gamma^2}{2K_E}+\frac{a^r_1\lambda^2}{K_M}\right) \tag{6.61}$$

证明：农民合作社的目标函数为：

$$J_f^r(M,\ S)=e^{-\rho t}V_f^r(E,\ M) \tag{6.62}$$

线上零售商的目标函数为：

$$J_o^r(E,\ A)=e^{-\rho t}V_o^r(E,\ M) \tag{6.63}$$

根据最优控制理论，对于任意的 $E\geqslant 0$ 和 $M\geqslant 0$，$V_f^r(E,\ M)$ 和 $V_o^r(E,\ M)$ 存在 Hamilton - Jacobi - Bellman 方程：

$$\rho V_f^r(E,\ M)=\max_{S,M}\Big(p_f q_s+w(q_e+q_b)+\mu p_o q_b-\frac{1}{2}K_M M^2-\frac{1}{2}K_S S^2+ V_f^{r'}(\lambda M+\gamma E-\sigma G)\Big) \tag{6.64}$$

$$\rho V_o^r(E,\ M)=\max_{A,E}\Big(p_o q_e+(1-\mu)p_o q_b-\frac{1}{2}K_A A^2-\frac{1}{2}K_E E^2+ V_o^{r'}(\lambda M+\gamma E-\sigma G)\Big) \tag{6.65}$$

利用逆向求解法，先求解线上零售商最优决策相关的一阶条件：

$$\frac{\partial\rho V_o^r(E,\ M)}{\partial A}=0,\ \frac{\partial\rho V_o^r(E,\ M)}{\partial E}=0 \tag{6.66}$$

求解式（6.66），得到：

$$E^r=\frac{\gamma V_o^{r'}}{K_E},\ A^r=\frac{(2-\mu)\eta p_o}{K_A} \tag{6.67}$$

将式（6.67）代入式（6.64），求解农民合作社最优决策相关的一阶条件：

$$\frac{\partial\rho V_f^r(E,\ M)}{\partial S}=0,\ \frac{\partial\rho V_f^r(E,\ M)}{\partial M}=0 \tag{6.68}$$

得到：

$$S^r=\frac{(\varepsilon w+p_f+\mu\varepsilon p_o)\beta}{K_S},\ M^r=\frac{\lambda V_f^{r'}}{K_M} \tag{6.69}$$

将式（6.69）、式（6.67）代入式（6.64）、式（6.65），得到式（6.70）、式（6.71）：

$$\rho V_f^r(E,\ M)=((2w+p_f+\mu p_o)\eta-\sigma V_f^{i'})G_0+p_o\alpha_b\mu+(\alpha_e+\alpha_b)w+\frac{(2-\mu)(p_f\varepsilon+p_o\mu+2w)p_o\eta^2}{K_A}+\frac{\beta^2(\mu\varepsilon p_o+w\varepsilon+p_f)^2}{2K_S}+p_f\alpha_f+V_f^{i'}\left(\frac{\gamma^2V_o^{i'}}{K_E}+\frac{\lambda^2V_f^{i'}}{2K_M}\right) \tag{6.70}$$

$$\rho V_o^r(E,\ M)=(2p_o\eta-\sigma V_o^{r'})G_0+(\alpha_b-\mu\alpha_b+\alpha_e)p_o+\frac{p_o^2\eta^2(2-\mu)^2}{2K_A}+\frac{(1-\mu)p_o\varepsilon\beta^2(\varepsilon\mu p_o+\beta^2(w\varepsilon+p_f))}{K_S}+V_o^{r'}\left(\frac{\gamma^2V_o^{r'}}{2K_E}+\frac{\lambda^2V_f^{r'}}{K_M}\right) \tag{6.71}$$

令 $V_f^r(E,\ M)$ 和 $V_o^r(E,\ M)$ 为关于 G_0 的线性函数，

$$V_f^r(E,\ M)=a_1^rG_0+a_2^r \tag{6.72}$$

$$V_o^r(E,\ M)=b_1^rG_0+b_2^r \tag{6.73}$$

其中，a_1^r、a_2^r、b_1^r、b_2^r 为待定系数。

由式（6.70）、式（6.71）、式（6.72）、式（6.73），得到：

$$a_1^r=\frac{(2w+p_f+\mu p_o)\eta}{\rho+\sigma},\quad b_1^r=\frac{(2-\mu)p_o\eta}{\rho+\sigma},$$

$$a_2^r=p_o\alpha_b\mu+(\alpha_e+\alpha_b)w+p_f\alpha_s+\frac{(2-\mu)(p_f\varepsilon+p_o\mu+2w)p_o\eta^2}{K_A}+\frac{\beta^2(\mu\varepsilon p_o+w\varepsilon+p_f)^2}{2K_S}+a_1^r\left(\frac{\gamma^2b_1^r}{K_E}+\frac{\lambda^2a_1^r}{2K_M}\right),$$

$$b_2^r=(\alpha_b-\mu\alpha_b+\alpha_e)p_o+\frac{(1-\mu)p_o\varepsilon\beta^2(\varepsilon\mu p_o+\beta^2(w\varepsilon+p_f))}{K_S}+$$

$$\frac{p_o^2\eta^2(2-\mu)^2}{2K_A}+b_1^r\left(\frac{\gamma^2 b_1^r}{2K_E}+\frac{\lambda^2 a_1^r}{K_M}\right) \tag{6.74}$$

根据 $V_f^{r'}=a_1^r$ 和 $V_o^{r'}=b_1^r$，将式（6.74）代入式（6.1）、式（6.67）、式（6.69）、式（6.72）和式（6.73），可得收益共享分散决策模式下农民合作社和线上零售商的最优决策式（6.57）至式（6.61）。

（五）综合契约分散决策模型

在综合契约分散决策模式下假设农民合作社与线上零售商同时采用溯源技术成本分担和收益共享两种合作方式。农民合作社先决定有机种植努力、服务努力以及溯源技术成本分担率，线上零售商再决定有机溯源技术努力和宣传努力，各自以实现自身利润最大化为决策目标。此模式用上标 ir 表示。决策模型如下：

$$\begin{cases}\max\limits_{S,M,\psi}J_f=\int_0^{\infty}e^{-\rho t}\Big(p_fq_f+w(q_e+q_b)+\mu p_oq_b-\frac{1}{2}K_MM^2-\frac{1}{2}K_SS^2-\\\qquad\frac{1}{2}\psi K_EE^2\Big)\mathrm{d}t\\\text{s. t. }\max\limits_{A,E}J_o=\int_0^{\infty}e^{-\rho t}\Big(p_oq_e+(1-\mu)p_oq_b-\frac{1}{2}K_AA^2-\frac{1}{2}(1-\psi)\\\qquad K_EE^2\Big)\mathrm{d}t\end{cases} \tag{6.75}$$

命题 6.13　在综合契约分散决策模式下农民合作社的有机种植努力、服务努力、溯源技术成本分担率，线上零售商的有机溯源技术努力、宣传努力的最优均衡策略如下：

$$E^{ir}=\frac{\eta\gamma(2p_o+\mu p_o+2p_f+4w)}{2(\rho+\sigma)K_E},\ M^{ir}=\frac{(2w+p_f+\mu p_o)\eta\lambda}{(\rho+\sigma)K_M},$$

$$S^{ir}=\frac{(\varepsilon w+p_f+\mu\varepsilon p_o)\beta}{K_S},\ A^{ir}=\frac{(2-\mu)\eta p_o}{K_A},$$

$$\psi^{ir}=\begin{cases}\dfrac{2w+p_f-\left(1-\dfrac{3}{2}\mu\right)p_o}{2w+p_f+\left(1+\dfrac{1}{2}\mu\right)p_o},\ 2w+p_f>\left(1-\dfrac{3}{2}\mu\right)p_o\\ 0,\ 2w+p_f<\left(1-\dfrac{3}{2}\mu\right)p_o\end{cases}\tag{6.76}$$

在综合契约分散决策模式下有机溯源技术努力分别与消费者对有机农产品的偏好、线下边际收益率、线上边际收益率、批发价格、收益共享率、有机溯源技术努力对有机水平的影响成正比。有机溯源技术努力分别与贴现率、有机水平衰减率及其成本系数成反比。溯源技术成本分担率分别与线上边际收益率、批发价格、收益共享率成正比，与线下边际收益率呈反比。

命题 6.14 在综合契约分散决策模式下有机农产品的有机水平最优轨迹为：

$$G^{ir}(t)=G_{RSS}^{ir}+(G_0-G_{RSS}^{ir})e^{-\sigma t}\tag{6.77}$$

其中，$G_{RSS}^{ir}=\dfrac{\eta}{\rho+\sigma}\left(\dfrac{(2p_o+\mu p_o+4w+2p_f)\gamma^2}{2K_E}+\dfrac{(2w+p_f+\mu p_o)\lambda^2}{K_M}\right)$为有机农产品的有机水平的稳态值（$t\to\infty$）。

在综合契约分散决策模式下有机农产品的有机水平最优轨迹的性质与集中决策相同。

命题 6.15 在具有综合契约的分散决策模式下农民合作社的长期利润、线上零售商的长期利润以及有机农产品供应链的整体长期利润为：

$$J_f^{ir}=a_1^{ir}G_0+p_o\alpha_b\mu+(\alpha_e+\alpha_b)w+p_f\alpha_s+\frac{\beta^2(\mu\varepsilon p_o+w\varepsilon+p_f)^2}{2K_S}+$$

$$\frac{(2-\mu)(p_f\varepsilon+p_o\mu+2w)p_o\eta^2}{K_A}+\frac{(2a_1^{ir}+b_1^{ir})^2\gamma^2}{8K_E}+\frac{a_1^{ir2}\lambda^2}{2K_M} \tag{6.78}$$

$$J_o^{ir}=b_1^{ir}G_0+(\alpha_b-\mu\alpha_b+\alpha_e)p_o+b_1^{ir}\left(\frac{(2a_1^{ir}+b_1^{ir})\gamma^2}{4K_E}+\frac{a_1^{ir}\lambda^2}{K_M}\right)+$$

$$\frac{p_o^2\eta^2(2-\mu)^2}{2K_A}+\frac{(1-\mu)p_o\varepsilon\beta^2(w\varepsilon+p_f+\varepsilon\mu p_o)}{K_S} \tag{6.79}$$

$$J^{ir}=(a_1^{ir}+b_1^{ir})G_0+(\alpha_b+\alpha_e)(w+p_o)+p_f\alpha_s+$$

$$\frac{(2-\mu)(2p_o+2p_f\varepsilon+\mu p_o+4w)p_o\eta^2}{2K_A}+\frac{(\mu\varepsilon p_o+w\varepsilon+p_f)((2-\mu)\varepsilon p_o+w\varepsilon+p_f)\beta^2}{2K_S}+$$

$$\left(\frac{(2a_1^{ir}+b_1^{ir})^2\gamma^2}{8K_E}+\frac{a_1^{ir2}\lambda^2}{2K_M}\right)+b_1^{ir}\left(\frac{(2a_1^{ir}+b_1^{ir})\gamma^2}{4K_E}+\frac{a_1^{ir}\lambda^2}{K_M}\right) \tag{6.80}$$

证明：农民合作社的目标函数为：

$$J_f^{ir}(M,\ S,\ \psi)=e^{-\rho t}V_f^{ir}(E,\ M) \tag{6.81}$$

线上零售商的目标函数为：

$$J_o^{ir}(E,\ A)=e^{-\rho t}V_o^{ir}(E,\ M) \tag{6.82}$$

根据最优控制理论，对于任意的 $E\geqslant 0$ 和 $M\geqslant 0$，$V_f^{ir}(E,\ M)$ 和 $V_o^{ir}(E,\ M)$ 存在 Hamilton - Jacobi - Bellman 方程：

$$\rho V_f^{ir}(E,\ M)=\max_{S,M,\psi}\Big(p_fq_s+w(q_e+q_b)+\mu p_oq_b-\frac{1}{2}K_MM^2-$$

$$\frac{1}{2}K_SS^2-\frac{1}{2}\psi K_EE^2+V_f^{ir'}(\lambda M+\gamma E-\sigma G)\Big) \tag{6.83}$$

$$\rho V_o^{ir}(E,\ M)=\max_{A,E}\Big(p_oq_e+(1-\mu)p_oq_b-\frac{1}{2}K_AA^2-\frac{1}{2}(1-\psi)$$

$$K_EE^2+V_o^{ir'}(\lambda M+\gamma E-\sigma G)\Big) \tag{6.84}$$

利用逆向求解法，先求解线上零售商最优决策相关的一阶条件：

$$\frac{\partial \rho V_o^{ir}(E,\ M)}{\partial A}=0,\ \frac{\partial \rho V_o^{ir}(E,\ M)}{\partial E}=0 \tag{6.85}$$

求解式（6.85），得到：

$$E^{ir}=\frac{\gamma V_o^{ir'}}{(1-\psi)K_E},\ A^{ir}=\frac{(2-\mu)\eta p_o}{K_A} \tag{6.86}$$

将式（6.86）代入式（6.83），求解农民合作社最优决策相关的一阶条件：

$$\frac{\partial \rho V_f^{ir}(E,\ M)}{\partial S}=0,\ \frac{\partial \rho V_f^{ir}(E,\ M)}{\partial M}=0,\ \frac{\partial \rho V_f^{ir}(E,\ M)}{\partial \psi}=0 \tag{6.87}$$

得到：

$$S^{ir}=\frac{(\varepsilon w+p_f+\mu\varepsilon p_o)\beta}{K_S},\ M^{ir}=\frac{\lambda V_f^{ir'}}{K_M},\ \psi^{ir}=\frac{2V_f^{ir'}-V_o^{ir'}}{2V_f^{ir'}+V_o^{ir'}} \tag{6.88}$$

将式（6.88）代入式（6.86），再代入式（6.83）、式（6.84），得到式（6.89）、式（6.90）：

$$\rho V_f^{ir}(E,\ M)=((2w+p_f+\mu p_o)\eta-\sigma V_f^{ir'})G_0+p_o\alpha_b\mu+(\alpha_e+\alpha_b)w+\frac{(2-\mu)(p_f\varepsilon+p_o\mu+2w)p_o\eta^2}{K_A}+\frac{\beta^2(\mu\varepsilon p_o+w\varepsilon+p_f)^2}{2K_S}+p_f\alpha_s+\frac{(2V_f^{ir'}+V_o^{ir'})^2\gamma^2}{8K_E}+\frac{\lambda^2(V_f^{ir'})^2}{2K_M} \tag{6.89}$$

$$\rho V_o^{ir}(E,\ M)=(2p_o\eta-\mu p_o\eta-\sigma V_o^{ir'})G_0+(\alpha_b-\mu\alpha_b+\alpha_e)p_o+\frac{p_o^2\eta^2(2-\mu)^2}{2K_A}+\frac{(1-\mu)p_o\varepsilon\beta^2(w\varepsilon+p_f+\varepsilon\mu p_o)}{K_S}+V_o^{ir'}\left(\frac{(2V_f^{ir'}+V_o^{ir'})\gamma^2}{4K_E}+\frac{\lambda^2V_f^{ir'}}{K_M}\right) \tag{6.90}$$

令 $V_f^{ir}(E,\ M)$ 和 $V_o^{ir}(E,\ M)$ 为关于 G_0 的线性函数，

$$V_f^{ir}(E,\ M)=a_1^{ir}G_0+a_2^{ir} \tag{6.91}$$

$$V_o^{ir}(E,\ M)=b_1^{ir}G_0+b_2^{ir} \tag{6.92}$$

其中，a_1^{ir}、a_2^{ir}、b_1^{ir}、b_2^{ir} 为待定系数。

由式（6.89）、式（6.90）、式（6.91）、式（6.92），得到：

$$a_1^{ir}=\frac{(2w+p_f+\mu p_o)\eta}{\rho+\sigma},\ b_1^{ir}=\frac{(2-\mu)p_o\eta}{\rho+\sigma},$$

$$a_2^{ir}=p_o\alpha_b\mu+(\alpha_e+\alpha_e)w+p_f\alpha_s+\frac{(2-\mu)(p_f\varepsilon+p_o\mu+2w)p_o\eta^2}{K_A}+$$

$$\frac{\beta^2(\mu\varepsilon p_o+w\varepsilon+p_f)^2}{2K_S}+\frac{(2a_1^{ir}+b_1^{ir})^2\gamma^2}{8K_E}+\frac{\lambda^2(a_1^{ir})^2}{2K_M},$$

$$b_2^{ir}=(\alpha_b-\mu\alpha_b+\alpha_e)p_o+\frac{(1-\mu)p_o\varepsilon\beta^2(w\varepsilon+p_f+\varepsilon\mu p_o)}{K_S}+$$

$$\frac{p_o^2\eta^2(2-\mu)^2}{2K_A}+b_1^{ir}\left(\frac{(2a_1^{ir}+b_1^{ir})\gamma^2}{4K_E}+\frac{\lambda^2a_1^{ir}}{K_M}\right)\tag{6.93}$$

根据 $V_f^{ir'}=a_1^{ir}$ 和 $V_o^{ir'}=b_1^{ir}$，将式（6.93）代入式（6.1）、式（6.86）、式（6.88）、式（6.91）和式（6.92），可得综合契约分散决策模式下农民合作社和线上零售商的最优决策式（6.76）至式（6.80）。

三、策略比较

通过比较五种不同运营策略下的最优决策，得出以下结论。

推论 6.1　五种模式的最优有机溯源技术努力按降序排列为：

$$\begin{cases} E^c > E^{ir} > E^i > E^d > E^r & p_f > p_o - 2w \\ E^c > E^{ir} > E^d > E^i > E^r & \left(1 - \frac{1}{2}\mu\right)p_o - 2w < p_f < p_o - 2w \\ E^c > E^d > E^{ir} > E^i > E^r & (1-\mu)p_o - 2w < p_f < \left(1 - \frac{1}{2}\mu\right)p_o - 2w \\ E^c > E^d > E^{ir} > E^r > E^i & \left(1 - \frac{3}{2}\mu\right)p_o - 2w < p_f < (1-\mu)p_o - 2w \\ E^c > E^d > E^r > E^{ir} > E^i & p_f < \left(1 - \frac{3}{2}\mu\right)p_o - 2w \end{cases}$$

证明：由式（6.8）、式（6.19）、式（6.38）、式（6.57）和式（6.76），可得：

$$E^c - E^d = \frac{\gamma\eta(2w + p_f)}{(\rho+\sigma)K_E} > 0,\ E^c - E^i = \frac{\gamma\eta p_o}{(\rho+\sigma)K_E} > 0,$$

$$E^c - E^r = \frac{\gamma\eta(2w + \mu p_o + p_f)}{(\rho+\sigma)K_E} > 0,\ E^c - E^{ir} = \frac{\gamma\eta p_o(2-\mu)}{(\rho+\sigma)K_E} > 0,$$

$$E^r - E^d = -\frac{\gamma\eta\mu p_o}{(\rho+\sigma)K_E} < 0,\ E^i - E^r = \frac{\gamma\eta(2w + p_f - (1-\mu)p_o)}{(\rho+\sigma)K_E},$$

$$E^i - E^d = \frac{\gamma\eta(2w + p_f - p_o)}{(\rho+\sigma)K_E},\ E^i - E^{ir} = -\frac{\gamma\eta\mu p_o}{2(\rho+\sigma)K_E} < 0,$$

$$E^{ir} - E^r = \frac{\gamma\eta\left(2w + p_f - \left(1 - \frac{3}{2}\mu\right)p_o\right)}{(\rho+\sigma)K_E},\ E^{ir} - E^d = \frac{\gamma\eta\left(2w + p_f - \left(1 - \frac{1}{2}\mu\right)p_o\right)}{(\rho+\sigma)K_E}$$

又因 $p_f > 0$，$p_o > 0$，$w > 0$，$0 < \mu < 1$，可得 $p_o > \left(1 - \frac{1}{2}\mu\right)p_o > (1-\mu)p_o > \left(1 - \frac{3}{2}\mu\right)p_o$。

当 $2w + p_f > p_o$ 时，$E^c > E^{ir} > E^i > E^d > E^r$。同理，其余得证。

集中决策模式下的有机溯源技术努力总是最高。当线下边际收益率、线上边际收益率和批发价格之间的关系不同时，除集中决策模式外，不同运营策略下的有机溯源技术努力之间的关系也不同。

推论 6.2 五种模式的最优有机种植努力、服务努力和宣传努力分别按降序排列为：

$M^c > M^{ir} = M^r > M^i = M^d$，$S^c > S^{ir} = S^r > S^i = S^d$，$A^c > A^i = A^d > A^r = A^{ir}$

证明： 由式（6.8）、式（6.19）、式（6.38）、式（6.57）和式（6.76），可得：

$$M^c - M^d = M^c - M^i = \frac{2\lambda\eta p_o}{(\rho+\sigma)K_M} > 0,$$

$$M^c - M^r = M^c - M^{ir} = \frac{(2-\mu)\lambda\eta p_o}{(\rho+\sigma)K_M} > 0,$$

$$M^d - M^r = -\frac{\mu\lambda\eta p_o}{(\rho+\sigma)K_M} < 0,$$ 可知 $M^c > M^{ir} = M^r > M^i = M^d$。

同理，$S^c > S^{ir} = S^r > S^i = S^d$，$A^c > A^i = A^d > A^r = A^{ir}$。

集中决策模式下的有机种植努力最高，其次是综合契约分散决策模式下和收益共享分散决策模式下的有机种植努力，最后是成本分担分散决策模式下和完全分散决策模式下的有机种植努力。

集中决策模式下的服务努力最高，其次是综合契约分散决策模式下和收益共享分散决策模式下的服务努力，最后是成本分担分散决策模式下和完全分散决策模式下的服务努力。

集中决策模式下的宣传努力最高，其次是成本分担分散决策模式下和完全分散决策模式下的宣传努力，最后是综合契约分散决策模式下和收益共享分散决策模式下的宣传努力。

推论 6.3 成本分担分散决策模式和综合契约分散决策模式

下的溯源技术成本分担率按降序排列为：

$$\begin{cases}\psi^{ir} > \psi^{i}，\ 2w + p_f > \left(1 - \frac{3}{2}\mu\right)p_o \\ \psi^{ir} = \psi^{i} = 0，\ 2w + p_f < \left(1 - \frac{3}{2}\mu\right)p_o\end{cases}$$

证明： 已知 $p_o > \left(1 - \frac{3}{2}\mu\right)p_o$，又由式(6.38)和式(6.76)，可得当 $2w + p_f > \left(1 - \frac{3}{2}\mu\right)p_o$ 时，$\psi^{ir} - \psi^{i} = \frac{2\mu p_o(2w + p_f + 2p_o)}{(2w + p_f + p_o)(4w + 2p_f + 2p_o + \mu p_o)} > 0$，即 $\psi^{ir} > \psi^{i}$。当 $2w + p_f < \left(1 - \frac{3}{2}\mu\right)p_o$ 时，$\psi^{ir} = \psi^{i} = 0$。

综合契约分散决策模式下的溯源技术成本分担率大于或等于成本分担分散决策模式下的溯源技术成本分担率。

推论 6.4 令 $H = \frac{\lambda^2 K_E}{\gamma^2 K_M}$，当 $0 < H < \frac{1}{4}$时，五种模式下有机农产品的有机水平最优稳态值按降序排列为：

$$\begin{cases}G_{RSS}^{c} > G_{RSS}^{ir} > G_{RSS}^{i} > G_{RSS}^{d} > G_{RSS}^{r} & p_f > p_o - 2w \\ G_{RSS}^{c} > G_{RSS}^{ir} > G_{RSS}^{d} > G_{RSS}^{i} > G_{RSS}^{r} & \left(1 - \frac{1}{2}\mu - H\mu\right)p_o - 2w < p_f < p_o - 2w \\ G_{RSS}^{c} > G_{RSS}^{d} > G_{RSS}^{ir} > G_{RSS}^{i} > G_{RSS}^{r} & (1 - \mu + H\mu)p_o - 2w < p_f < \left(1 - \frac{1}{2}\mu - H\mu\right)p_o - 2w \\ G_{RSS}^{c} > G_{RSS}^{d} > G_{RSS}^{ir} > G_{RSS}^{r} > G_{RSS}^{i} & \left(1 - \frac{3}{2}\mu\right)p_o - 2w < p_f < (1 - \mu + H\mu)p_o - 2w \\ G_{RSS}^{c} > G_{RSS}^{d} > G_{RSS}^{r} > G_{RSS}^{ir} > G_{RSS}^{i} & p_f < \left(1 - \frac{3}{2}\mu\right)p_o - 2w\end{cases}$$

当$\frac{1}{4} < H < 1$ 时，五种模式下有机农产品的有机水平最优稳态值按降序排列为：

$$\begin{cases} G_{RSS}^{c} > G_{RSS}^{ir} > G_{RSS}^{i} > G_{RSS}^{d} > G_{RSS}^{r} & p_f > p_o - 2w \\ G_{RSS}^{c} > G_{RSS}^{ir} > G_{RSS}^{d} > G_{RSS}^{i} > G_{RSS}^{r} & (1-\mu+H\mu)p_o - 2w < p_f < p_o - 2w \\ G_{RSS}^{c} > G_{RSS}^{ir} > G_{RSS}^{d} > G_{RSS}^{r} > G_{RSS}^{i} & \left(1-\frac{1}{2}\mu-H\mu\right)p_o - 2w < p_f < (1-\mu+H\mu)p_o - 2w \\ G_{RSS}^{c} > G_{RSS}^{d} > G_{RSS}^{ir} > G_{RSS}^{r} > G_{RSS}^{i} & \left(1-\frac{3}{2}\mu\right)p_o - 2w < p_f < \left(1-\frac{1}{2}\mu-H\mu\right)p_o - 2w \\ G_{RSS}^{c} > G_{RSS}^{d} > G_{RSS}^{r} > G_{RSS}^{ir} > G_{RSS}^{i} & p_f < \left(1-\frac{3}{2}\mu\right)p_o - 2w \end{cases}$$

当 $H>1$ 时，五种模式下有机农产品的有机水平最优稳态值按降序排列为：

$$\begin{cases} G_{RSS}^{c} > G_{RSS}^{ir} > G_{RSS}^{i} > G_{RSS}^{r} > G_{RSS}^{d} & p_f > (1-\mu+H\mu)p_o - 2w \\ G_{RSS}^{c} > G_{RSS}^{ir} > G_{RSS}^{r} > G_{RSS}^{i} > G_{RSS}^{d} & p_o - 2w < p_f < (1-\mu+H\mu)p_o - 2w \\ G_{RSS}^{c} > G_{RSS}^{ir} > G_{RSS}^{r} > G_{RSS}^{d} > G_{RSS}^{i} & \left(1-\frac{3}{2}\mu\right)p_o - 2w < p_f < p_o - 2w \\ G_{RSS}^{c} > G_{RSS}^{r} > G_{RSS}^{ir} > G_{RSS}^{d} > G_{RSS}^{i} & \left(1-\frac{1}{2}\mu-H\mu\right)p_o - 2w < p_f < \left(1-\frac{3}{2}\mu\right)p_o - 2w \\ G_{RSS}^{c} > G_{RSS}^{r} > G_{RSS}^{d} > G_{RSS}^{ir} > G_{RSS}^{i} & p_f < (1-\frac{1}{2}\mu-H\mu)p_o - 2w \end{cases}$$

证明： 由式（6.8）、式（6.19）、式（6.38）、式（6.57）和式（6.76），可得：

$$G_{RSS}^{c} - G_{RSS}^{d} = \frac{2\eta\left((w+\frac{1}{2}p_f)\gamma^2 K_M + \lambda^2 K_E p_o\right)}{(\rho+\sigma)K_M K_E} > 0$$

$$G_{RSS}^{c} - G_{RSS}^{i} = \frac{\eta p_o(\gamma^2 K_M + 2\lambda^2 K_E)}{(\rho+\sigma)K_M K_E} > 0$$

$$G_{RSS}^{c} - G_{RSS}^{r} = \frac{\eta((\gamma^2 K_M(\mu p_o + 2w + p_f) + \lambda^2 K_E p_o(2-\mu))}{(\rho+\sigma)K_M K_E} > 0$$

$$G_{RSS}^{i} - G_{RSS}^{d} = \frac{\gamma^2\eta(2w + p_f - p_o)}{(\rho+\sigma)K_E}$$

$$G_{RSS}^{c}-G_{RSS}^{ir}=\frac{\eta p_o(\gamma^2K_M+2\lambda^2K_E)(2-\mu)}{2(\rho+\sigma)K_MK_E}>0$$

$$G_{RSS}^{i}-G_{RSS}^{ir}=-\frac{\eta p_o\mu(\gamma^2K_M+2\lambda^2K_E)}{2(\rho+\sigma)K_MK_E}<0$$

$$G_{RSS}^{ir}-G_{RSS}^{r}=\frac{\gamma^2\eta\left(2w+p_f-\left(1-\frac{3}{2}\mu\right)p_o\right)}{(\rho+\sigma)K_E}$$

$$G_{RSS}^{i}-G_{RSS}^{r}=\frac{\eta\gamma^2K_M\left(2w+p_f-\left(1-\mu+\frac{\lambda^2K_E}{\gamma^2K_M}\mu\right)p_o\right)}{(\rho+\sigma)K_EK_M}$$

$$G_{RSS}^{d}-G_{RSS}^{r}=\frac{\mu\eta p_o(\gamma^2K_M-\lambda^2K_E)}{(\rho+\sigma)K_EK_M}$$

$$G_{RSS}^{ir}-G_{RSS}^{d}=\frac{\eta\gamma^2K_M\left(2w+p_f-\left(1-\frac{1}{2}\mu-\frac{\lambda^2K_E}{\gamma^2K_M}\mu\right)p_o\right)}{(\rho+\sigma)K_EK_M}$$

又因 $p_f>0$，$p_o>0$，$w>0$，$0<\mu<1$，$\lambda>0$，$\gamma>0$，$K_E>0$，$K_M>0$，令 $H=\frac{\lambda^2K_E}{\gamma^2K_M}$，可得当 $0<H<\frac{1}{4}$ 时，$p_o>1-\frac{1}{2}\mu-H\mu>1-\mu+H\mu>1-\frac{3}{2}\mu$，从而可得当 $2w+p_f>p_o$ 时，$G_{RSS}^{c}>G_{RSS}^{ir}>G_{RSS}^{i}>G_{RSS}^{d}>G_{RSS}^{r}$。同理，其余得证。

在集中决策模式下，有机农产品的有机水平最优稳态值总是最高的。除集中决策模式外，当线下边际收益率、线上边际收益率与批发价格之间的关系，以及有机种植努力成本的成本系数、溯源技术努力成本的成本系数、种植努力对有机水平的影响和溯源技术努力对有机水平的影响之间关系不同时，不同运营策略下有机农产品的有机水平最优稳态值的相对大小不同。

推论 6.5 有机农产品供应链的长期整体利润按降序排列为：

（1）$J^c > J^d$，$J^c > J^i$，$J^c > J^r$，$J^c > J^{ir}$

（2）$\begin{cases} J^i > J^d & p_f > p_o - 2w \\ J^i < J^d & p_f < p_o - 2w \end{cases}$

证明： 由式（6.10）、式（6.23）、式（6.42）、式（6.61）和式（6.80），可得：

$$J^c - J^d = \frac{(\varepsilon p_f + 2w)^2\eta^2}{2K_A} + \frac{p_o^2\varepsilon^2\beta^2}{2K_S} + \frac{(2w + p_f)^2\eta^2\gamma^2}{2(\sigma+\rho)^2K_E} + \frac{2\eta^2\lambda^2p_o^2}{(\sigma+\rho)^2K_M} >$$

0，即 $J^c > J^d$。

同理，$J^c > J^i$，$J^c > J^r$，$J^c > J^{ir}$。

$J^i - J^d = \dfrac{\eta^2\gamma^2((2w + p_f) + p_o)((2w + p_f) - p_o)}{2(\sigma+\rho)^2K_E}$，可得，当 $2w + p_f > p_o$ 时，$J^i > J^d$，以及当 $2w + p_f < p_o$ 时，$J^i < J^d$。

在集中决策模式下有机农产品供应链的长期整体利润总是最高的。当线下边际收益率高于阈值时，成本分担分散决策模式下的有机农产品供应链长期整体利润大于完全分散决策模式下有机农产品供应链长期整体利润。当线下边际收益率低于阈值时，成本分担分散决策模式下的有机农产品供应链长期整体利润小于完全分散决策模式下有机农产品供应链长期整体利润。

推论 6.6　最优农民合作社长期利润和线上零售商长期利润按降序排列为：

（1）$J_f^i > J_f^d$

（2）$\begin{cases} J_o^i > J_o^d & p_f > p_o - 2w \\ J_o^i < J_o^d & p_f < p_o - 2w \end{cases}$

证明： 由式（6.21）、式（6.22）、式（6.40）和式（6.41），可得：

$$J_f^i - J_f^d = \frac{\eta^2\gamma^2(2w + p_f - p_o)^2}{2(\sigma+\rho)^2K_E} > 0，即 J_f^i > J_f^d。$$

由 $J_o^i - J_o^d = \dfrac{\eta^2 p_o\gamma^2(2w + p_f - p_o)}{(\sigma+\rho)^2K_E}$可得：当 $2w + p_f > p_o$ 时 $J_o^i > J_o^d$，以及当 $2w + p_f < p_o$ 时，$J_o^i < J_o^d$。

成本分担分散决策模式下农民合作社的长期利润总是大于完全分散决策模式下农民合作社的长期利润。当线下边际收益率高于阈值时，成本分担分散决策模式下的线上零售商长期利润大于完全分散决策模式下线上零售商长期利润。当线下边际收益率低于阈值时，成本分担分散决策模式下的线上零售商长期利润小于完全分散决策模式下线上零售商长期利润。

四、数值试验

根据五种运营策略的假设和约束条件，设置模型参数的具体值为：$\alpha_e = 0.3$，$\alpha_s = 0.5$，$\alpha_b = 0.2$，$K_A = 0.03$，$K_M = 0.05$，$K_S = 0.04$，$K_E = 0.025$，$p_f = 0.9$，$p_o = 0.6$，$w = 0.1$，$G_0 = 0.2$，$\beta = 0.2$，$\lambda = 0.4$，$\sigma = 0.3$，$\gamma = 0.3$，$\varepsilon = 0.3$，$\mu = 0.2$，$\rho = 0.053$，$\eta = 0.3$。结果如表 6.3 所示。

此数值实例属于 $p_f > p_o - 2w$ 的情况，如表 6.3 所示，集中决策模式下的最优决策较其余四种模式下最优决策高。剩余四种模式中，收益共享分散决策模式和综合契约分散决策模式下的有机

表6.3 五种运营策略下的最优决策

模式	集中决策模式（CD）	完全分散决策模式（DD）	成本分担分散决策模式（IS）	收益共享分散决策模式（RS）	综合契约分散决策模式（IRS）
有机种植努力（M）	75.616	36.164	36.164	40.110	40.110
有机溯源技术努力（E）	113.425	59.178	83.836	53.260	86.795
服务努力（S）	5.550	4.650	4.650	4.830	4.830
宣传努力（A）	16.700	12.000	12.000	10.800	10.800
溯源技术成本分担率（ψ）	—	—	0.294	—	0.386
有机水平的稳态值（G_{RSS}）	64.274	32.219	39.616	32.022	42.082
农民合作社长期利润（J^f）	—	116.480	124.080	124.234	138.291
线上零售长期利润（J^o）	—	118.727	136.967	109.719	132.044
有机农产品供应链长期利润（J）	311.250	235.208	261.047	233.953	270.335

种植努力和服务努力高于完全分散决策模式和成本分担分散决策模式下的有机种植努力和服务努力。综合契约分散决策模式下的有机溯源技术努力和有机农产品的有机水平稳态值较高，其次是成本分担分散决策模式，然后是完全分散决策模式，最后是收益共享分散决策模式。完全分散决策模式和成本分担分散决策模式下的宣传努力较高，其次是收益共享分散决策模式和综合契约分散决策模式。综合契约分散决策模式下农民合作社的长期利润最高，其次是收益共享分散决策模式，然后是成本分担分散决策模式，最后是完全分散决策模式。成本分担分散决策模式下线上零售商的长期利润最大，其次是综合契约分散决策模式，然后是完全分散决策模式，最后是收益共享分散决策模式。综合契约分散决策模式下的有机农产品供应链整体长期利润最大，其次是成本分担分散决策模式，然后是完全分散决策，最后是收益共享分散决策模式。

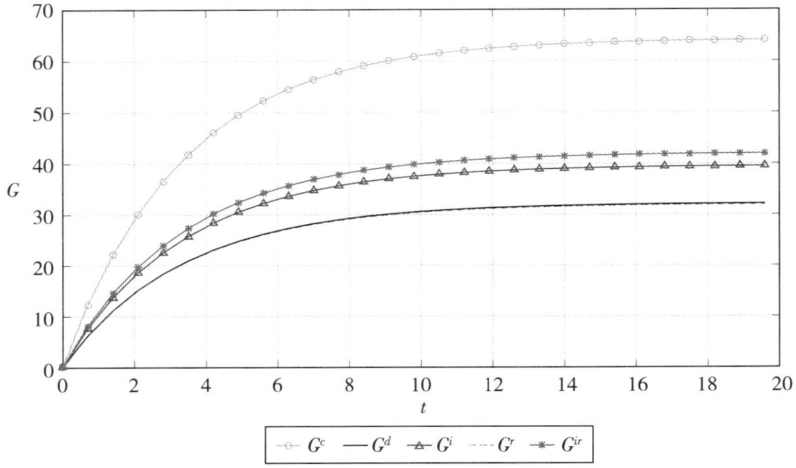

图 6.2 有机水平的最优轨迹

如图 6.2 所示，即使有机农产品的有机水平受技术误差和其他偏离稳定状态因素的干扰，但其会随时间的推移而达到稳态。数值实例属于 $p_f > p_o - 2w$ 且 $\frac{1}{4} < H < 1$ 的情况，$G^c_{RSS} > G^{ir}_{RSS} > G^i_{RSS} > G^d_{RSS} > G^r_{RSS} > G_0$，有机农产品的有机水平单调增加。

如图 6.3 所示，有机农产品供应链的最优长期整体利润 J 随着渠道间的交叉影响 ε 和消费者对有机农产品的偏好 η 增加而增加。当渠道间的交叉影响和消费者对有机农产品的偏好达到最高值时，有机农产品供应链的最优长期整体利润达到最高值。渠道间的交叉影响对有机农产品供应链最优长期整体利润的影响程度小于消费者对有机农产品偏好对有机农产品供应链最优长期整体利润的影响程度。提高渠道之间的交叉影响与消费者对有机农产品的偏好，可为有机农产品供应链带来更多的长期利润。

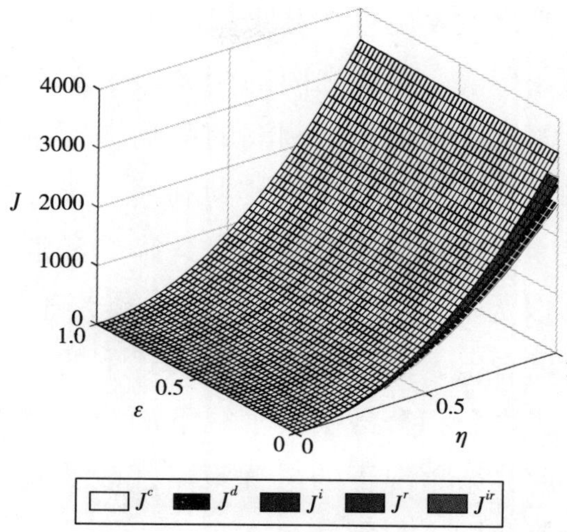

图 6.3　η 及 ε 对有机农产品供应链长期整体利润的影响

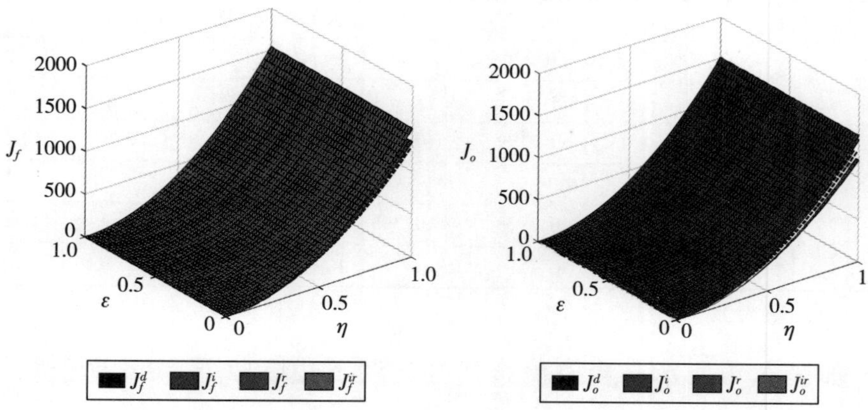

图 6.4　η 及 ε 对农民合作社、线上零售商长期利润的影响

如图 6.4 所示，农民合作社最优长期利润 J_f、线上零售商长期利润 J_o 随着渠道之间的交叉影响 ε 和消费者对有机农产品的偏好 η 增加而增加。当渠道之间的交叉影响和消费者对有机农产品的偏好达到最高值时，农民合作社最优长期利润、线上零售商最优长期利润达到最高值。渠道之间的交叉影响对农民合作社最优长期利润、线上零售商最优长期利润的影响程度小于消费者对有机农产品的偏好对农民合作社最优长期利润、线上零售商最优长期利润的影响程度。提高渠道之间的交叉影响和消费者对有机农产品的偏好，可以为有机农产品供应链成员带来更多的长期利润。从图 6.4 可以看出，综合契约分散模式下的农民合作社最优长期利润最高，成本分担分散决策模式下的线上零售商最优长期利润最高。为了解其余情况下的最优策略，改变农民合作社线下边际收益率的数值范围，得到表 6.4。

表 6.4　不同线下边际收益率范围下的长期利润最高时对应策略

供应链成员	不同线下边际收益率范围及其对应长期利润最高策略		
有机农产品供应链	$0<p_f<0.220$	$0.220<p_f<1$	—
	RS	IRS	—
农民合作社	$0<p_f<0.2199$	$0.2199<p_f<0.2200$	$0.2200<p_f<1$
	IRS	RS	IRS
线上零售商	$0<p_f<0.3938$	$0.3938<p_f<0.4159$	$0.4159<p_f<1$
	DC	IRS	IS

如表 6.4 所示，当农民合作社的线下边际收益率 p_f 小于阈值时，有机农产品供应链的最优决策模式为收益共享分散决策模式。当农民合作社的线下边际收益率大于阈值时，有机农产品供应链的最优决策模式为综合契约分散决策模式。当农民合作社的线下边际收益率小于阈值（0.2199）时，农民合作社的最优决策模式为综合契约分散决策模式。当农民合作社的线下边际收益率大于阈值（0.2200）时，农民合作社的最优决策模式为综合契约

分散决策模式。当农民合作社的线下边际收益率值介于两个阈值（0.2199，0.2200）之间时，农民合作社的最优决策模式为收益共享分散决策模式。当农民合作社的线下边际收益率小于阈值（0.3938）时，线上零售商的最优决策模式为完全分散决策。当农民合作社的线下边际收益率大于阈值（0.4159）时，线上零售商的最优决策模式为成本分担分散决策模式。当农民合作社的线下边际收益率值介于两个阈值（0.3938，0.4159）之间时，线上零售商的最优决策模式为综合契约分散决策模式。此外，同时改变农民合作社的线下边际收益率和线上零售商的线上边际收益率的值，得到图 6.5 至图 6.7。

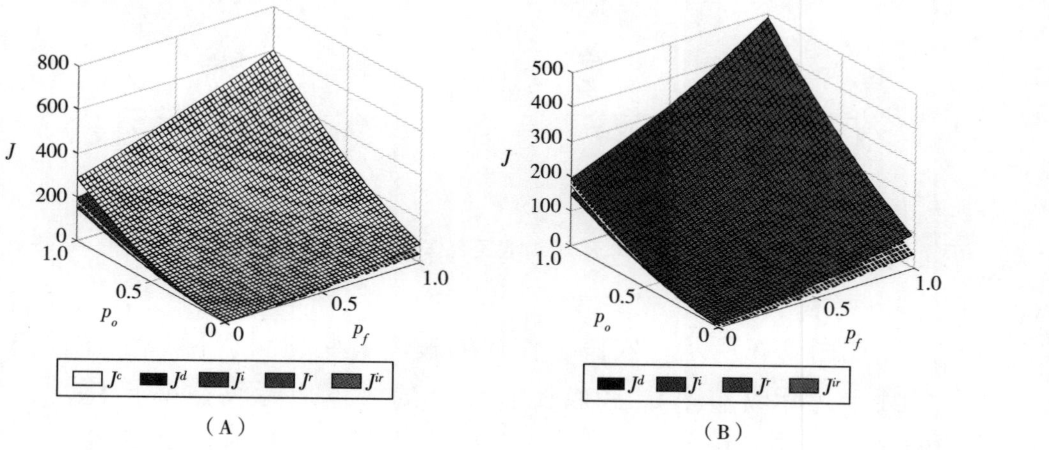

图 6.5　p_f 及 p_o 对有机农产品供应链长期整体利润的影响

如图 6.5 所示，有机农产品供应链的最优长期整体利润 J 随线上零售商的线上边际收益率 p_o 和农民合作社的线下边际收益率 p_f 增加而增加。在图 6.5（A）中，有机农产品供应链在集中决策模式下的最优长期整体利润是最高。除去集中决策模式，得到

图 6.5（B）。当农民合作社的线下边际收益率与线上零售商的线上边际收益率之比大于阈值时，有机农产品供应链的最优决策模式为综合契约分散决策模式。当农民合作社的线下边际收益率与线上零售商的线上边际收益率之比小于阈值时，有机农产品供应链的最优决策模式为收益共享分散决策模式。

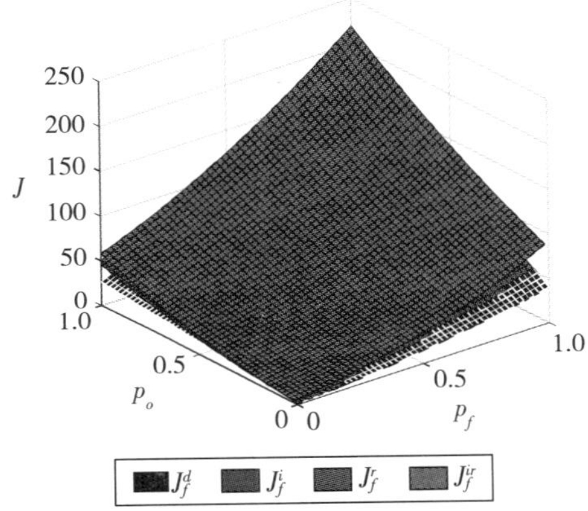

（A）

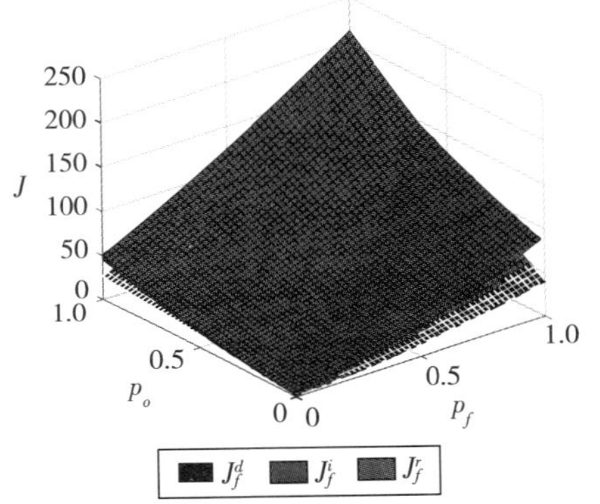

（B）

图 6.6　p_f 及 p_o 对农民合作社长期利润的影响

如图 6.6 所示，农民合作社的最优长期利润 J_f 随线上零售商的线上边际收益率 p_o 和农民合作社的线下边际收益率 p_f 增加而增加。在图 6.6（A）中，综合契约分散决策模式下农民合作社最优长期利润最高。除去综合契约分散决策模式，得到图 6.6（B）。当农民合作社的线下边际收益率与线上零售商的线上边际收益率之比小于阈值时，农民合作社的最优决策模式为收益共享分散决策模式。当农民合作社的线下边际收益率与线上零售商的线上边际收益率之比大于阈值时，农民合作社的最优决策模式为成本分担分散决策模式。

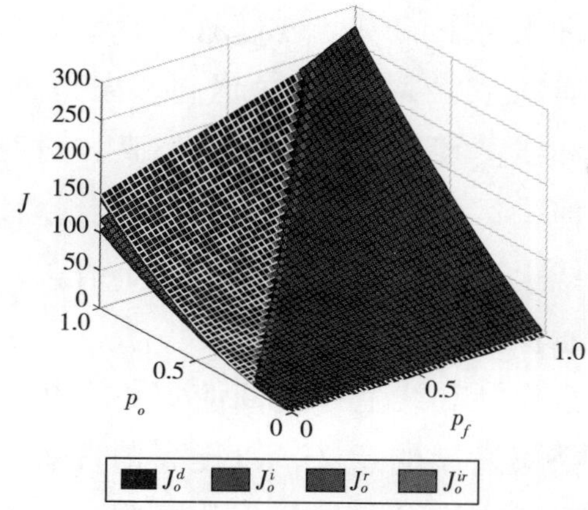

图 6.7 p_f 及 p_o 对线上零售商长期利润的影响

如图 6.7 所示，农民合作社的最优长期利润 J_o 随线上零售商的线上边际收益率 p_o 和农民合作社的线下边际收益率 p_f 增加而增加。当农民合作社的线下边际收益率与线上零售商的线上边际收益率之比大于阈值时，线上零售商的最优决策模式为成本分担分散决策模式。当农民合作社的线下边际收益率与线上零售商的线上边际收益率之比小于阈值时，线上零售商的最优决策模式为完全分散决策模式。当农民合作社的线下边际收益率与线上零售商的线上边际收益率之比接近阈值时，线上零售商的最优决策模式为综合契约分散决策模式。

五、管理启示

通过设计 PYO 模式有机农产品供应链中实施 BOPS 的五种运

营策略，并对五种策略下的模型进行对比分析后发现，在每种策略下，消费者对有机农产品的偏好越高，渠道间的交叉影响越大，农民合作社和线上零售商的利润就越高。对有机农产品供应链的成员而言，何种运营策略最优，与农民合作社线下边际收益率和线上零售商线上边际收益率的相对大小有关。经分析和总结得到以下管理启示。

第一，农民合作社和线上零售商应宣传有机农产品的优势及其对生态环境可持续发展的意义，以提高消费者对有机农产品的偏好。消费者对有机农产品的偏好，从微观角度而言使供应链成员获利，从宏观角度而言有利于整个社会的可持续发展。

第二，渠道之间的相互影响是有益的。供应链成员应多用合作的眼光去看待渠道之间的交叉影响，而不是单纯的竞争关系，这有利于市场的可持续发展。

第三，有机农产品供应链应根据实际情况选择运营策略。在决定选择具体的运营策略之前，农民合作社和线上零售商应充分了解自身和对方的经营状况。农民合作社和线上零售商之间的相对情况将影响运营策略的效力。在大多数情况下，农民合作社和线上零售商各自的最佳运营策略是不一致的。但如果能够站在有机农产品供应链的整体角度来做决定，将使供应链整体获得更多的利润，农民合作社和线上零售商可以制定最利于有机农产品供应链的合同，然后就利润分享等附加协议进行谈判。

六、本章小结

本章主要研究 PYO 模式农产品供应链中，不同运营策略对有机农产品供应链中农民合作社与线上零售商实施 BOPS 的影响。以微分博弈理论为基础构建了集中决策模式、完全分散决策模式、成本分担分散决策模式、收益共享分散决策模式、综合契约分散决策模式五种决策模式下的博弈模型。讨论了有机种植努力、有机溯源技术努力、宣传努力和服务努力的最优决策以及农民合作社、线上零售商和有机农产品供应链的利润。此外，还考虑了消费者对有机农产品的偏好、渠道间的交叉影响、农民合作社的线下边际收益率和线上零售商的线上边际收益率等因素。通过对五种策略的最优决策进行分析比较，得到如下结论：

第一，尽管有机农产品有机水平的最优轨迹受到技术误差和其他偏离稳定状态因素的干扰，但会随着时间的推移而达到稳态。有机农产品有机水平的最优轨迹具有单调性和时变性。不同运营策略下有机农产品有机水平稳态值之间的相对关系与有机种植努力和溯源技术努力对有机农产品有机水平的边际贡献率、有机种植努力成本和有机溯源技术成本的成本系数、线上边际收益率和线下边际收益率、有机农产品批发价、收益共享率有关。在集中决策模式下有机农产品有机水平的稳态值始终最高。其余模式下的相对关系可以分为两种情况。第一种情况为，有机种植努力成本的成本系数与有机种植努力对有机水平的边际收益率的平方之比大于溯源技术成本的成本系数与溯源技术努力对有机水平的边际收益率的平方之比，从有机农产品有机水平的稳态值来看，当线下边际收益率较大时，综合契约分散决策模式为较好的选择，反之，当线下边际收益率较小时，完全分散决策模式是较好的选择。这也说明在某些情况下，不合作是更好的选择。第二种情况是，有机种植努力成本的成本系数与有机种植努力对有机水平的边际收益率的平方之比小于溯源技术成本的成本系数与溯源技术努力对有机水平的边际收益率的平方之比，当线下边际收益率较大时，从有机农产品有机水平的稳态值来看，综合契约分散决策模式是较好的选择，反之，当线下边际收益率较小时，收益共享分散决策模式是较好的选择。

第二，在服务努力方面，综合契约分散决策模式和收益共享分散决策模式对农民合作社的激励大于成本分担分散决策模式和完全分散决策模式对农民合作社的激励。在宣传努力方面，成本分担分散决策模式和完全分散决策模式对线上零售商的激励大于综合契约分散决策模式和收益共享分散决策模式对线上零售商的激励。从溯源技术成本分担率的角度来看，综合契约分散决策模式下的供应链成员间的合作力度比成本分担分散决策模式下的合作力度更大。

第三，渠道间的交叉影响越大，农民合作社的长期利润、线上零售商的长期利润和有机农产品供应链的长期整体利润越高。对于全渠道供应链系统，渠道间的交叉影响可以给供应链及其成员带来更多的利润。提高消费者对有机农产品的偏好利于农民合作社、线上零售商和有机农产品供应链获得更多的长期利润。消费者对有机农产品偏好程度的提高有利于可持续供应链系统的所有成员。

第四，在集中决策模式下，有机农产品供应链及其成员的最优长期利润总是最高的。另外四种决策模式中，对于有机农产品供应链而言，大多数情况下，综合契约分散决策模式是最有利的，少数情况下，收益共享分散决策模式最有利。这意味着在所有情况下都应共享 BOPS 收益。对于农民合作社而言，几乎所有情况下，选择综合契约分散决策模式能获得最多利润。对于线上零售商来说，大多数情况下，选择成本分担分散决策模式能获得最多利润，而少数情况下，选择完全分散决策模式能获得最多利润，少部分情况下，选择综合契约分散决策模式能获得最多利润。总体来说，有机农产品供应链和农民合作社更倾向于选择综合契约分散决策模式。在少部分情况下，综合契约分散决策模式是农民合作社、线上零售商和有机农产品供应链的最优选择。

第七章 结论与展望

一、结论

本书对 PYO 模式农产品供应链在单渠道、双渠道与全渠道结构下的决策进行了研究，通过比较讨论了不同渠道结构的实施条件。继而分析了 PYO 模式全渠道农产品供应链的运营策略。通过模型构建和数值分析等，得到以下结论。

无论在集中决策还是分散决策下，对于只经营线下 PYO 农场的农民合作社而言，实施 PYO 模式双渠道农产品供应链都将使其获得更多利润。集中决策下，PYO 模式双渠道农产品供应链利润高于 PYO 模式单渠道农产品供应链；分散决策下，农民合作社在 PYO 模式双渠道农产品供应链中的利润高于其在 PYO 模式单渠道农产品供应链中的利润，因此建议实施线下单渠道的农民合作社开通线上渠道以实施双渠道。

PYO模式全渠道农产品供应链的可实施性与具体条件相关。将BOPS方式及其与其他购物方式的组合分为四种情形：BOPS情形一（BOPS、纯线下与纯线上）、BOPS情形二（BOPS与纯线下）、BOPS情形三（BOPS与纯线上）、BOPS情形四（仅BOPS）。在集中决策和分散决策下，BOPS客户额外消费衍生利润越大，越适宜实施BOPS情形一与情形二；实施BOPS后，情形三与情形四利润减少，不适宜实施BOPS情形三与情形四，但集中决策下情形四中BOPS出行成本相对系数很小的情况除外；各影响因素对BOPS的实施产生影响，如在BOPS情形一中，当BOPS客户额外消费衍生利润一定时，消费者对BOPS的偏好程度越小，消费者对纯线上的偏好程度越大，BOPS出行成本相对系数越大，越适合实施BOPS。

PYO模式全渠道农产品供应链的策略选择与农民合作社和零售商的经营状况有关。在选择最优策略时，农民合作社线下边际收益率和线上零售商线上边际收益率的相对大小将影响供应链成员的决策，农民合作社和线上零售商应根据自身和对方的经营状况等条件选择具体的运营策略，建议考虑共享BOPS收益。此外，提高消费者对有机农产品的偏好可使供应链成员获利；渠道之间的交叉影响能使供应链成员获得更多利润，有利于市场发展。

二、展望

本书对PYO模式农产品供应链进行了研究，分析了定价、努力等运作决策，但仍存在许多不足，在未来的研究中，可以就以下几个方面进行拓展。在现实生活中，消费者并非同质的，消费者对购买方式的喜好程度和掌握程度与其所处的环境、年龄段有关，可考虑不同购买方式的消费者黏性；又如当有机农产品的新鲜度随着时间推移而降低时，商家往往会打折处理有机农产品，部分消费者可能成为策略型消费者，可在扩展研究中考虑策略型消费者对最优决策的影响。

参考文献

[1] 但斌，刘墨林，邵兵家，等．“互联网+”生鲜农产品供应链的产品服务融合商业模式[J]．商业经济与管理，2017(9)：5－14.

[2] 张旭梅，梁晓云，但斌．考虑消费者便利性的“互联网+”生鲜农产品供应链O2O商业模式[J]．当代经济管理，2018（1）：21－27.

[3] Veeck G, Che D, Veeck A. America's changing farmscape: A study of agricultural tourism in Michigan [J]. The Professional Geographer, 2006, 58 (3): 235－248.

[4] Kadet A. Picking your own apples can be expensive – for orchards; U – pick operations generate cash during harvest time, but there are heavy operating costs for farms [N]. The Wall Street Journal, 16 October 2015.

[5] Frith G J T, Lopes D F L, Romero Muñoz F. Some selection characters for blueberry cultivars grown for pick – your – own production [J]. Acta Horticulturae, 2006 (715): 129－132.

[6] Cleveland D A, Radka C N, Müller N M, et al. Effect of localizing fruit and vegetable consumption on greenhouse gas emissions

and nutrition, Santa Barbara County [J]. Environmental Science & Technology, 2011, 45 (10): 4555 -4562.

[7] Weber C L, Matthews H S. Food - miles and the relative climate impacts of food choices in the United States [J]. Environmental Science & Technology, 2008, 42 (10): 3508 -3513.

[8] Rickman J C, Barrett D M, Bruhn C M. Nutritional comparison of fresh, frozen and canned fruits and vegetables. Part 1. Vitamins C and B and phenolic compounds [J]. Journal of the Science of Food and Agriculture, 2007, 87 (6): 930 -944.

[9] Ahumada O, Villalobos J R. Operational model for planning the harvest and distribution of perishable agricultural products [J]. International Journal of Production Economics, 2011, 133 (2): 677 -687.

[10] de Keizer M, Akkerman R, Grunow M, et al. Logistics network design for perishable products with heterogeneous quality decay [J]. European Journal of Operational Research, 2017, 262 (2): 535 -549.

[11] Manuel D, Sowers R B. Optimal transport to cold chain in perishable hand - picked agriculture: Manuel and Sowers [J]. Natural Resource Modeling, 2017, 30 (2): e12124.

[12] Xanthopoulos G T, Templalexis C G, Aleiferis N P, et al. The contribution of transpiration and respiration in water loss of perishable agricultural products: The case of pears [J]. Biosystems Engineering, 2017 (158): 76 -85.

[13] Carpio C E, Wohlgenant M K, Safley C D. Relative importance of factors affecting customer' s decisions to buy pick - your - own versus preharvested fruit at north carolina farms [J]. Journal of Agri-

cultural & Applied Economics, 2008, 40 (3): 983 - 997.

[14] Rouquet A, Pachã G. Re - enchanting logistics: The cases of pick - your - own farm and large retail stores [J]. Supply Chain Forum: An International Journal, 2017, 18 (1): 21 - 29.

[15] Corsi A, Novelli S, Pettenati G. Producer and farm characteristics, type of product, location: Determinants of on - farm and off - farm direct sales by farmers [J]. Agribusiness, 2018, 34 (3): 631 - 649.

[16] Burnap G. Pick Your Own (PYO) at butternut farm: The 56th annual IFTA conference [Z]. Boston: 2013.

[17] Lee E, Shin S Y. When do consumers buy online product reviews? Effects of review quality, product type, and reviewer's photo [J]. Computers in Human Behavior, 2014 (31): 356 - 366.

[18] Hoffman D L, Novak T P, Chatterjee P. Commercial scenarios for the web: Opportunities and challenges [J]. Journal of Computer - Mediated Communication, 1995, 1 (3): JCMC136.

[19] Alba J, Lynch J, Weitz B, et al. Interactive home shopping: Consumer, retailer, and manufacturer incentives to participate in electronic marketplaces [J]. Journal of Marketing, 1997, 61 (3): 38 - 53.

[20] Bhatnagar A, Ghose S. Segmenting consumers based on the benefits and risks of Internet shopping [J]. Journal of Business Research, 2004, 57 (12): 1352 - 1360.

[21] 唐润，李倩倩，彭洋洋．考虑质量损失的生鲜农产品双渠道市场出清策略研究[J]．系统工程理论与实践，2018，38(10)：2542 - 2555.

［22］岳柳青，刘咏梅，朱桂菊．零售商主导的生鲜双渠道供应链协调契约研究［J］．软科学，2016，30（8）：123－128，144.

［23］马建华，艾兴政，唐小我．基于延保服务的竞争供应链纵向渠道结构选择［J］．系统工程学报，2015，30（4）：539－553，574.

［24］艾兴政，唐小我，涂智寿．不确定环境下链与链竞争的纵向控制结构绩效［J］．系统工程学报，2008，23（2）：188－193.

［25］Spengler J J. Vertical integration and antitrust policy［J］. Journal of Political Economy，1950，58（4）：347－352.

［26］郑琪，范体军，张磊．“农超对接”模式下生鲜农产品收益共享契约［J］．系统管理学报，2019，28（4）：742－751.

［27］浦徐进，李栋栋，王执杰．考虑参照价格效应的双渠道供应链协调机制设计［J］．控制与决策，2017，32（7）：1273－1278.

［28］冯颖，张炎治．不同权力结构下 TPL 服务增值的供应链决策与效率评价［J］．中国管理科学，2018，26（10）：164－175.

［29］龚本刚，汤家骏，程晋石，等．产能约束下考虑消费者偏好的双渠道供应链决策与协调［J］．中国管理科学，2019，27（4）：79－90.

［30］曹晓刚，郑本荣，闻卉．考虑顾客偏好的双渠道闭环供应链定价与协调决策［J］．中国管理科学，2015，23（6）：107－117.

［31］刘咏梅，廖攀，胡军华，等．考虑服务和退货的双渠道供应链定价问题研究［J］．运筹与管理，2015，24（3）：79－87.

［32］徐兵，刘露．信息搭便车下供应链订货与信息服务决策及协调研究［J］．管理工程学报，2016，30（4）：117－123.

［33］陈国鹏，张旭梅，肖剑．在线渠道折扣促销下的双渠

道供应链合作广告协调研究[J]. 管理工程学报, 2016, 30 (4): 203 - 209.

[34] McGuire T W, Staelin R. An industry equilibrium analysis of downstream vertical integration [J]. Marketing Science, 2008, 27 (1): 115 - 130.

[35] 赵海霞, 艾兴政, 唐小我. 链与链基于价格竞争和规模不经济的纵向控制结构选择[J]. 控制与决策, 2012, 27 (2): 193 - 198.

[36] Su X M, Zhang F Q. Strategic customer behavior, commitment, and supply chain performance [J]. Management Science, 2008, 54 (10): 1759 - 1773.

[37] Cachon G P, Fisher M. Supply chain inventory management and the value of shared information [J]. Management Science, 2000, 46 (8): 1032 - 1048.

[38] Chu W H J, Lee C C. Strategic information sharing in a supply chain [J]. European Journal of Operational Research, 2006, 174 (3): 1567 - 1579.

[39] Chiang W K, Monahan G E. Managing inventories in a two - echelon dual - channel supply chain [J]. European Journal of Operational Research, 2005, 162 (2): 325 - 341.

[40] Chiang W K, Chhajed D, Hess J D. Direct marketing, indirect profits: A strategic analysis of dual - channel supply - chain design [J]. Management Science, 2003, 49 (1): 1 - 20.

[41] Ma W M, Cheng Z R, Xu S W. A game theoretic approach for improving environmental and economic performance in a dual - channel green supply chain [J]. Sustainability, 2018, 10 (6): 1918.

[42] He Y, Huang H F, Li D. Inventory and pricing decisions for a dual – channel supply chain with deteriorating products [J]. Operational Research, 2018, https://doi.org/10.1007/s12351 – 018 – 0393 – 2.

[43] Cao K Y, Wang J, Dou G W, et al. Optimal trade – in strategy of retailers with online and offline sales channels [J]. Computers & Industrial Engineering, 2018 (123): 148 – 156.

[44] Jiang Y C, Liu Y Z, Shang J, et al. Optimizing online recurring promotions for dual – channel retailers: Segmented markets with multiple objectives [J]. European Journal of Operational Research, 2018, 267 (2): 612 – 627.

[45] Wang W, Li G, Cheng T C E. Channel selection in a supply chain with a multi – channel retailer: The role of channel operating costs [J]. International Journal of Production Economics, 2016 (173): 54 – 65.

[46] Gao F, Su X M. Omnichannel retail operations with buy – online – and – pick – up – in – store [J]. Management Science, 2016, 63 (8): 2478 – 2492.

[47] Bell D R, Gallino S, Moreno A. How to win in an omnichannel world [J]. MIT Sloan Management Review, 2014, 56 (1): 45 – 53.

[48] Brynjolfsson E, Hu Y J, Rahman M S. Competing in the age of omnichannel retailing [J]. MIT Sloan Management Review, 2013, 54 (4): 23 – 29.

[49] Chen X R, Liu Y M, Wan Z. Optimal decision making for online and offline retailers under BOPS mode [J]. The Anziam Jour-

nal, 2016, 58 (2): 187 -208.

[50] Jin M, Li G, Cheng T C E. Buy online and pick up in - store: Design of the service area [J]. European Journal of Operational Research, 2018, 268 (2): 613 -623.

[51] Bell D R, Gallino S, Moreno A. Inventory showrooms and customer migration in omni - channel retail: The effect of product information [J]. Available at SSRN, 2013.

[52] Gallino S, Moreno A, Stamatopoulos I. Channel integration, sales dispersion, and inventory management [J]. Management Science, 2016, 63 (9): 2813 -2831.

[53] Gao F, Su X M. Online and offline information for omnichannel retailing [J]. Manufacturing & Service Operations Management, 2017, 19 (1): 84 -98.

[54] Bell D R, Gallino S, Moreno A. Showrooms and information provision in omni - channel retail [J]. Production and Operations Management, 2015, 24 (3): 360 -362.

[55] Bell D R, Gallino S, Moreno A. Offline showrooms in omni - channel retail: Demand and operational benefits [J]. Management Science, 2017, 64 (4): 1629 -1651.

[56] 李飞. 全渠道零售的含义、成因及对策——再论迎接中国多渠道零售革命风暴[J]. 北京工商大学学报（社会科学版), 2013, 28 (2): 1 -11.

[57] 李飞. 全渠道营销理论——三论迎接中国多渠道零售革命风暴[J]. 北京工商大学学报（社会科学版), 2014, 29 (3): 1 -12.

[58] 齐永智, 张梦霞. 全渠道零售: 演化、过程与实施

[J]. 中国流通经济，2014（12）：115－121.

[59] Piotrowicz W, Cuthbertson R. Introduction to the special issue information technology in retail: Toward omni－channel retailing [J]. International journal of electronic commerce, 2014, 18（4）：5－16.

[60] 姜丽媛. 全渠道零售时代下产品的网络适应性变化及对策[J]. 经济问题探索，2015（7）：7－13.

[61] 马慧敏. 移动互联时代我国零售企业全渠道模式的应用[J]. 中国流通经济，2017，31（4）：10－16.

[62] 施蕾. 全渠道时代顾客购物渠道选择行为研究[J]. 当代财经，2014（2）：69－78.

[63] 王勇，李文静. 全渠道营销中消费者线下购买对线上购买的影响——基于消费者购买行为过程的实证研究[J]. 商业研究，2016（4）：118－124.

[64] 黎继子，张念，刘春玲. 基于全渠道设计的众包供应链订单生产决策优化[J]. 计算机集成制造系统，2019，25（5）：1248－1258.

[65] 孔瑞晓，官振中，罗利. 基于 BOPS 的全渠道供应链结构研究[J]. 管理学报，2019，16（7）：1072－1080.

[66] 刘金荣，徐琪，陈啟. 考虑网络退货和渠道成本时全渠道 BOPS 定价与服务决策[J]. 中国管理科学，2019，27（9）：56－67.

[67] Cao J, So K C, Yin S Y. Impact of an "online－to－store" channel on demand allocation, pricing and profitability [J]. European Journal of Operational Research, 2016, 248（1）：234－245.

[68] 刘咏梅，周笛. 实行 BOPS 模式是否总是有益的？与传统双渠道的对比研究[J]. 运筹与管理，2018，27（2）：168－177.

［69］张琴义，张国宝，曹稳．全渠道背景下不同销售模式的策略研究［J］．系统科学学报，2019，27（2）：96－100.

［70］陈远高，刘南．存在差异性产品的双渠道供应链协调研究［J］．管理工程学报，2011，25（2）：239－244.

［71］高攀，王旭，景熠，等．零售商从事产品翻新的闭环供应链差异定价策略［J］．计算机集成制造系统，2014，20（11）：2869－2881.

［72］Ye F，Zhang L，Li Y．Strategic Choice of Sales Channel and Business Model for the Hotel Supply Chain［J］．Journal of Retailing，2018，94（1）：33－44.

［73］刘咏梅，周笛，陈晓红．考虑线下零售商服务成本差异的BOPS渠道整合［J］．系统工程学报，2018，33（1）：90－102.

［74］范辰，刘咏梅，陈晓红．考虑渠道竞争和消费者行为的BOPS定价与服务合作［J］．系统工程学报，2018，33（3）：387－397.

［75］范辰，刘咏梅，陈晓红．考虑向上销售和渠道主导结构的BOPS定价与服务合作［J］．中国管理科学，2018，26（3）：101－108.

［76］严建援，李雅婷．考虑个性化增值服务的BOPS交叉渠道运营研究［J］．工业工程与管理，2019，24（3）：130－138.

［77］张国兴，方帅，汪应洛．不同权力结构下的双渠道供应链博弈分析［J］．系统工程，2015，33（3）：52－59.

［78］但斌，曲祯经，刘灿，等．存在强势零售商的多渠道供应链价格决策与均衡分析［J］．系统管理学报，2016，25（3）：556－562，570.

［79］肖肖，骆建文．面向资金约束制造商的双渠道供应链融资策略［J］．系统管理学报，2016，25（1）：121－128.

［80］戢守峰，姜力文，赵丹．不同融资模式下考虑消费者偏好的双渠道供应链订货与定价策略［J］．工业工程与管理，2017，22（4）：1－9.

［81］曲优，关志民，邱若臻，等．公平关切与损失规避对混合双渠道供应链订货策略的影响［J］．管理学报，2017，14（1）：129－138.

［82］徐广业，蔺全录，孙金岭．基于消费者渠道迁徙行为的双渠道供应链定价决策［J］．系统管理学报，2019，28（2）：386－391.

［83］张雪梅，李盈盈．基于时间和渠道敏感顾客选择偏好的双渠道定价策略［J］．运筹与管理，2019，28（7）：179－186.

［84］刘光富，刘文侠．双渠道再制造闭环供应链差异定价策略［J］．管理学报，2017，14（4）：625－632.

［85］肖剑，但斌，张旭梅．双渠道供应链中制造商与零售商的服务合作定价策略［J］．系统工程理论与实践，2010，30（12）：2203－2211.

［86］邓曦东，朱琳，丁雪峰．考虑渠道间比价行为的双渠道决策［J］．工业工程与管理，2016，21（1）：23－28.

［87］王继光，苏刊，武钰才．考虑服务的零售商渠道选择与定价策略［J］．计算机工程与应用，2019，55（9）：253－258.

［88］Tsay A A，Agrawal N. Channel dynamics under price and service competition［J］. Manufacturing & Service Operations Management，2000，2（4）：372－391.

［89］Liu J，Wang H Y. Price and retailer's service level decision in a supply chain under consumer returns［J］. Journal of Southeast University（English Edition），2013，29（2）：217－221.

［90］ 施国洪，朱孔华．基于价格与服务竞争的供应链收益分配模型的研究［J］．科技管理研究，2012 (17)：225－228.

［91］ 许明星，王健．基于服务策略的双渠道供应链定价研究［J］．软科学，2014，28 (5)：111－114，124.

［92］ 张学龙，王军进．考虑价格和服务竞争的供应链决策与协调模型研究［J］．系统科学学报，2016，24 (3)：99－104.

［93］ 谢家平，梁玲，孔凡玉，等．渠道努力下互补型闭环供应链定价与服务决策［J］．系统工程理论与实践，2017，37 (9)：2331－2343.

［94］ 周维浪，韩小花，沈莹．考虑消费者行为的闭环供应链定价和服务水平决策及协调［J］．计算机集成制造系统，2017，23 (10)：2241－2250.

［95］ 吴晓志，陈宏，张俊．考虑服务竞争的 O2O 供应链决策与协调［J］．控制与决策，2015，30 (8)：1453－1461.

［96］ 吴正祥，李宝库．利他偏好下需求依赖于价格和营销努力的两级供应链决策与协调［J］．中央财经大学学报，2017 (12)：108－118.

［97］ 马雪丽，王淑云，金辉，等．考虑保鲜努力与数量/质量弹性的农产品三级供应链协调优化［J］．中国管理科学，2018，26 (2)：175－185.

［98］ 杨怀珍，刘瑞环．考虑损耗和努力水平的农超对接三级供应链协调［J］．系统科学学报，2018，26 (4)：47－52.

［99］ 范贺花，周永卫，武大勇．考虑随机需求和零售商销售努力的两级供应链的渠道选择［J］．统计与决策，2019，35 (10)：41－46.

［100］ Wang L M, Song Q K. Pricing policies for dual－channel

supply chain with green investment and sales effort under uncertain demand [J]. Mathematics and Computers in Simulation, 2020 (171): 79 – 93.

[101] Taleizadeh A A, Alizadeh – Basban N, Niaki S T A. A closed – loop supply chain considering carbon reduction, quality improvement effort, and return policy under two remanufacturing scenarios [J]. Journal of Cleaner Production, 2019 (232): 1230 – 1250.

[102] 王永龙，蹇明，方新，等. 双边努力水平影响需求及回购的供应链协调策略[J]. 计算机集成制造系统，2018，24 (10): 2622 – 2630.

[103] 李小美，张光军，刘人境，等. 供需不确定条件下考虑双边努力的供应链组合契约设计[J]. 运筹与管理，2019，28 (8): 48 – 58.

[104] 何彦东，王旭，周福礼，等. 基于双边努力因素的网购供应链协调研究[J]. 中国管理科学，2019，27 (2): 83 – 92.

[105] Hernant M, Rosengren S. Now what? Evaluating the sales effects of introducing an online store [J]. Journal of Retailing and Consumer Services, 2017 (39): 305 – 313.

[106] 但斌，曲祯经，张海月，等. 供应链中制造商应对强势零售商的混合渠道策略[J]. 管理评论，2016，28 (12): 213 – 224.

[107] 石平，颜波，石松. 不确定环境下网络渠道开通最优时机选择[J]. 系统工程理论与实践，2015，35 (4): 872 – 881.

[108] Zhang P, He Y, Shi C V. Retailer's channel structure choice: Online channel, offline channel, or dual channels? [J]. International Journal of Production Economics, 2017 (191): 37 – 50.

[109] 梁喜，蒋琼，郭瑾. 不同双渠道结构下制造商的定价

决策与渠道选择[J]. 中国管理科学, 2018, 26 (7): 97 - 107.

[110] Chen B, Chen J. When to introduce an online channel, and offer money back guarantees and personalized pricing? [J]. European Journal of Operational Research, 2017, 257 (2): 614 - 624.

[111] Nie J J, Zhong L, Yan H, et al. Retailers' distribution channel strategies with cross - channel effect in a competitive market [J]. International Journal of Production Economics, 2019 (213): 32 - 45.

[112] Li H, Leng K J, Qing Q K, et al. Strategic interplay between store brand introduction and online direct channel introduction [J]. Transportation Research Part E, 2018 (118): 272 - 290.

[113] 王磊, 但斌. 考虑零售商保鲜和消费者效用的生鲜农产品供应链协调[J]. 运筹与管理, 2015, 24 (5): 44 - 51.

[114] 唐润, 彭洋洋. 考虑时间和温度因素的生鲜食品双渠道供应链协调[J]. 中国管理科学, 2017, 25 (10): 62 - 71.

[115] Ma X L, Wang S Y, Islam S M N, et al. Coordinating a three - echelon fresh agricultural products supply chain considering freshness - keeping effort with asymmetric information [J]. Applied Mathematical Modelling, 2019 (67): 337 - 356.

[116] 杨磊, 肖小翠, 张智勇. 需求依赖努力水平的生鲜农产品供应链最优定价策略[J]. 系统管理学报, 2017, 26 (1): 142 - 153.

[117] 陈军, 但斌. 基于实体损耗控制的生鲜农产品供应链协调[J]. 系统工程理论与实践, 2009, 29 (3): 54 - 62.

[118] Nong G P, Pang S L. Coordination of agricultural products supply chain with stochastic yield by price compensation [J]. IERI Procedia, 2013 (5): 118 - 125.

[119] Yang L, Tang R H, Chen K B. Call, put and bidirectional option contracts in agricultural supply chains with sales effort [J]. Applied Mathematical Modelling, 2017 (47): 1 – 16.

[120] Chen W C, Li J, Jin X J. The replenishment policy of agri – products with stochastic demand in integrated agricultural supply chains [J]. Expert Systems With Applications, 2016 (48): 55 – 66.

[121] Burer S, Jones P C, Lowe T J. Coordinating the supply chain in the agricultural seed industry [J]. European Journal of Operational Research, 2008, 185 (1): 354 – 377.

[122] 伏红勇，但斌. 基于天气期权的"公司 + 农户"型订单契约机制研究[J]. 系统工程学报，2015，30 (6): 768 – 778.

[123] 林强，叶飞. "公司 + 农户"型订单农业供应链的 Nash 协商模型[J]. 系统工程理论与实践，2014，34 (7): 1769 – 1778.

[124] 浦徐进，金德龙. 生鲜农产品供应链的运作效率比较：单一"农超对接" vs. 双渠道[J]. 中国管理科学，2017，25 (1): 98 – 105.

[125] Niu B Z, Jin D L, Pu X J. Coordination of channel members' efforts and utilities in contract farming operations [J]. European Journal of Operational Research, 2016, 255 (3): 869 – 883.

[126] 浦徐进，范旺达，吴亚. 不同契约下的农户与公司双边努力投入研究[J]. 系统工程学报，2016 (2): 242 – 253.

[127] 陈志松，方莉. 线上线下融合模式下考虑战略顾客行为的供应链协调研究[J]. 中国管理科学，2018，26 (2): 14 – 24.

[128] Public affairs office. U – Pick Apple Season On Now at Swanton Pacific Ranch Organic Orchard [EB/OL]. https: //core.

ac. uk/display/19147004.

[129] Recently added pick your own farms [EB/OL]. http: // www. pickyourownfood. com/.

[130] Lorenz K, Lal R. Chapter Three – Environmental impact of organic agriculture [M]. Advances in Agronomy, Sparks D L, Academic Press, 2016: 139, 99 – 152.

[131] Mie A, Andersen H R, Gunnarsson S, et al. Human health implications of organic food and organic agriculture: A comprehensive review [J]. Environmental Health: A Global Access Science Source, 2017, 16 (1): 111.

[132] Barański M, średnicka – Tober D, Volakakis N, et al. Higher antioxidant and lower cadmium concentrations and lower incidence of pesticide residues in organically grown crops: A systematic literature review and meta – analyses [J]. British Journal of Nutrition, 2014, 112 (5): 794 – 811.

[133] średnicka – Tober D, Barański M, Seal C, et al. Composition differences between organic and conventional meat: A systematic literature review and meta – analysis [J]. British Journal of Nutrition, 2016, 115 (6): 994 – 1011.

[134] Paul J, Rana J. Consumer behavior and purchase intention for organic food: A review and research agenda [J]. Journal of Retailing & Consumer Services, 2017 (38): 157 – 165.

[135] Reganold J P, Wachter J M. Organic agriculture in the twenty – first century [J]. Nature Plants, 2016, 2 (2): 15221.

[136] Crowder D W, Reganold J P. Financial competitiveness of organic agriculture on a global scale [J]. Proceedings of the Nation-

al Academy of Sciences, 2015, 112 (24): 7611 -7616.

[137] Jouzi Z, Azadi H, Taheri F, et al. Organic farming and small - scale farmers: Main opportunities and challenges [J]. Ecological Economics, 2017 (132): 144 -154.

[138] Răducuţă I, Doroftei F. Research on the evolution and current state of organic agriculture worldwide [J]. Physical Review B, 2012, 86 (18): 3531 -3537.

[139] Massey M, O' Cass A, Otahal P. A meta - analytic study of the factors driving the purchase of organic food [J]. Appetite, 2018 (125): 418 -427.

[140] Moharana P C, Sharma B M, Biswas D R, et al. Long - term effect of nutrient management on soil fertility and soil organic carbon pools under a 6 - year - old pearl millet - wheat cropping system in an Inceptisol of subtropical India [J]. Field Crops Research, 2012 (136): 32 -41.

[141] Güldner D, Krausmann F. Nutrient recycling and soil fertility management in the course of the industrial transition of traditional, organic agriculture: The case of Bruck estate, 1787 - 1906 [J]. Agriculture, Ecosystems & Environment, 2017 (249): 80 -90.

[142] Dabbene F, Gay P, Tortia C. Traceability issues in food supply chain management: A review [J]. Biosystems Engineering, 2014 (120): 65 -80.

[143] Aceleanu M I. Sustainability and Competitiveness of Romanian Farms through Organic Agriculture [J]. Sustainability, 2016, 8 (3): 245.

[144] Torres J, Valera D L, Belmonte L J, et al. Economic and

social sustainability through organic agriculture: Study of the restructuring of the citrus sector in the "Bajo Andarax" district (Spain) [J]. Sustainability, 2016, 8 (9): 918.

[145] Krystallis A, Chryssohoidis G M. Consumers' willingness to pay for organic food: Factors that affect it and variation per organic product type [J]. British Food Journal, 2005, 107 (5): 320 – 343.

[146] Longo S, Mistretta M, Guarino F, et al. Life Cycle Assessment of organic and conventional apple supply chains in the North of Italy [J]. Journal of Cleaner Production, 2017, 140 (2): 654 – 663.

[147] Sazvar Z, Rahmani M, Govindan K. A sustainable supply chain for organic, conventional agro – food products: The role of demand substitution, climate change and public health [J]. Journal of Cleaner Production, 2018 (194): 564 – 583.

[148] He Y Y, Zhang J, Gou Q L, et al. Supply chain decisions with reference quality effect under the O2O environment [J]. Annals of Operations Research, 2018, 268 (1 – 2): 273 – 292.

[149] Crettez B, Hayek N, Zaccour G. Existence and uniqueness of optimal dynamic pricing and advertising controls without concavity [J]. Operations Research Letters, 2018, 46 (2): 199 – 204.

[150] Lu F X, Zhang J X, Tang W S. Wholesale price contract versus consignment contract in a supply chain considering dynamic advertising [J]. International Transactions in Operational Research, 2019, 26 (5): 1977 – 2003.

[151] 赵道致，徐春秋，王芹鹏．考虑零售商竞争的联合减排与低碳宣传微分对策[J]. 控制与决策, 2014, 29 (10): 1809 – 1815.

[152] Zhou Y J, Ye X. Differential game model of joint emis-

sion reduction strategies and contract design in a dual - channel supply chain [J]. Journal of Cleaner Production, 2018 (190): 592 - 607.

[153] Nerlove M, Arrow K J. Optimal advertising policy under dynamic conditions [J]. Economica, 1962, 29 (114): 129 - 142.

[154] Dockner E J, Jorgensen S, Van Long N, et al. Differential games in economics and management science [M]. Cambridge: Cambridge University Press, 2000.